LE
SÉMINARISTE,

PAR RABAN.

TOME DEUXIÈME.

Paris,

TENON, LIBRAIRE,

RUE HAUTEFEUILLE, n° 30.

1834.

LE
SÉMINARISTE.

Ouvrages du même auteur :

LE CURÉ CAPITAINE, 2 vol. in-12.
LE MARQUIS DE LA RAPIÈRE, 2 vol.
MONSIEUR CORBIN, 2 vol.
ALEXIS, ou **LES DEUX FRÈRES**, 2 vol.
BLAISE L'ÉVEILLÉ, 3 vol.
LES CUISINIÈRES, 2 vol.
LE COMTE ORY, 3 vol.
L'INCRÉDULE, 2 vol.
MON COUSIN MATHIEU, 2 vol.
LE PRISONNIER, 3 vol.
LA FILLE DU COMMISSAIRE, 3 vol.
LE GENTHILHOMME NORMAND, 4 vol.
LE CONSCRIT, 3 vol.
LA PATROUILLE GRISE, 4 vol.

Sous presse :

L'AUMONIER DU RÉGIMENT, 2 vol. in-12.
LES OUVRIERS, 4 vol.
L'INVALIDE, 4 vol.

IMPRIMERIE DE MARCHAND DU BREUIL,
rue de la Harpe, n° 90.

LE
SÉMINARISTE,

PAR RABAN.

TOME DEUXIÈME.

Paris,

TENON, LIBRAIRE,
RUE HAUTEFEUILLE, Nᵒ 30.

1831.

LE
SÉMINARISTE.

CHAPITRE PREMIER.

M. Joluron.—La leçon de déclamation.

Le conducteur jurait, les voyageurs
pestaient; tous se demandaient: Qu'allons nous faire ? et personne n'avait
encore ouvert le moindre avis , lorsque Jacques , ou plutôt Boisjoli , ré-
clama le silence. — Messieurs , dit-il ,
des petites gens , des gens sans instruction, qui se trouveraient dans la
situation où nous sommes , seraient

II.   I

sans doute très-embarrassés, parce que généralement parlant la petite propriété n'est pas ferrée en ce qui concerne la littérature.

— Que diable nous chantes-tu là ? dit Jules, impatienté du bavardage de l'ex-ébéniste; il s'agit bien vraiment de littérature !...

— Bertrand, mon ami, vous dites des bêtises ; et si vous aviez mon expérience.....

— Ton expérience en littérature ?

— Tiens !... On dirait que ça l'étonne !... C'est donc pour vous dire que pour des gens comme nous, versés dans la connaissance des bons auteurs, rien n'est plus facile que de sortir de là. Par exemple, dans une bonne pièce, qu'est-ce qu'il arrive quand l'auteur fait verser une chaise de poste?.... Il y a toujours dans les environs un château où les voyageurs se réfugient tout exprès pour qu'il arrive des aventures.... Eh bien, alors..... Hé ! conducteur, y a-t-il un château par ici?

— Pardi, vous le voyez bien; à droite, sur la hauteur.

— Quand je vous disais qu'avec de l'instruction on ne peut pas coucher à la belle étoile..... Allons, mes amis, la main aux dames, et en avant pour le château.

Toute la troupe se mit en marche et arriva bientôt à une longue avenue qui conduisait à une très-belle maison de campagne. C'était la propriété d'un M. Joluron, négociant qui, après avoir fait fortune, ne négligeait rien pour se ruiner en bonne compagnie. Pendant six mois de l'année son château était le rendez-vous de la noblesse des environs. A défaut de parchemins, M. Joluron avait un excellent chef de cuisine; de plus, il prêtait très-volontiers de l'argent aux comtes, marquis et barons qui voulaient bien lui faire l'honneur d'être ses débiteurs; et madame Joluron, malgré ses quarante printemps, se plaisait beaucoup dans la société des amis de son mari. Tant d'excellentes qualités faisaient de M. Joluron un homme charmant, et de sa maison de campagne un petit paradis terrestre où nos artistes ambulans ne pouvaient manquer d'être bien accueillis. Ce fut le directeur qui porta la parole ; il raconta l'accident qui venait d'arriver à la voiture , et l'embarras qui en résultait.

— Ah ! vous êtes artistes , s'écria M. Joluron ; mais c'est charmant cela….. N'est-ce pas, baron , que c'est charmant des artistes ?...

LE BARON.

Le hasard vous sert à souhait, mon cher ami : vous êtes vraiment un mortel privilégié !

M. JOLURON.

Oh ! la bonne idée !.. . Parbleu , baron , il n'y a que vous qui ayez de ces idées-là…. Vous voulez parler de la petite fête de demain , et vous pensez que la société sera enchantée d'avoir la comédie.... J'ose espérer que ces dames et ces messieurs voudront bien...

Le Directeur.

Ce serait avec grand plaisir , monsieur; mais nous sommes attendus à Louviers , et vingt-quatre heures de retard nous causeraient un préjudice....

M. Joluron.

Comment, préjudice!... Dites donc, baron , le mot est délicieux... Ne dirait-on pas que les petits bourgeois de Louviers sont plus capables que moi d'escompter le talent?... On voit bien que le directeur ne sait pas ce que

c'est qu'un homme comme moi....
un homme privilégié, comme vous me
faites l'honneur de dire...... Oh ! vraiment je saurai lui faire voir.... Monsieur, je vous donne le double de la
recette sur laquelle vous comptiez.

LE DIRECTEUR.

Permett.....

M. JOLURON.

Le double, monsieur, entendez-
vous ?.... Et si vous dites un mot, le
triple.... Ah ! ah ! vous ne vous atten-
diez pas à cela ?... Vous n'êtes pas ac-
coutumé aux manières d'un homme
privilégié..... Il est vrai qu'on n'en
trouve guère dans les petites villes !....

La menace n'était pas de nature à
imposer silence au directeur, et il se

disposait à en provoquer l'exécution ; mais dans ce moment madame Joluron parut, et son mari s'empressa de lui faire part de l'heureux hasard qui lui donnait les moyens de faire de la fête projetée pour le lendemain la plus agréable qu'il eût jamais donnée à ses nobles amis. L'aimable dame fut enchantée, et à l'instant même tous les gens du château furent mis en réquisition pour disposer un théâtre dans le grand salon.

—Voilà pourtant ce que c'est que d'avoir de l'esprit, du tact, du génie, disait Boisjoli à ses camarades; j'ai flairé cette maison-là d'une demi-lieue..... J'espère qu'il est bon enfant, le patron. ... Quelle pâte d'homme!...

Et sa femme, comme elle paraissait
contente !... Dis donc, Jules, as-tu
remarqué comme elle me regardait la
patrone ?...

— Ne vas-tu pas imaginer....

— Non, non, mon ami, on n'imagine rien..., seulement on se connaît
en grandes passions.... Il ne faut pas
que ça te vexe, Jules, mais on a une
de ces tournures qui font les grandes
passions..., une de ces physionomies
qui sont taillées pour révolutionner
les cœurs sensibles.... Enfin, suffit,
je suis discret, et je n'en dis pas davantage ; mais nous avons au moins
trente-six heures devant nous, et.....
après tout, une victime de plus ou de
moins, qu'est-ce que ça fait ?... Je

suis né pour faire des victimes, moi!...
c'est ma destinée ; on m'a fait comme
ça !....

Ici le faiseur de victimes fut interrompu par un domestique qui vint
prier toute la compagnie de passer
dans la salle à manger, où l'on avait
servi un ambigu improvisé par
l'homme de génie du château , c'est-
à-dire le chef de cuisine. M. Joluron
avait d'abord consulté le baron et
quelques autres personnages qui ne
le quittaient point , pour savoir s'il ne
compromettrait pas sa dignité en re-
cevant des comédiens à sa table ; il
craignait qu'un homme privilégié ne
pût décemment s'asseoir entre une
Dugazon et un Elleviou ; mais ses

nobles hôtes l'avaient rassuré en lui
disant qu'à la campagne cela était
sans conséquence; et le baron, qui se
piquait d'érudition , rapporta que
Louis XIV avait dansé à l'Opéra et
dîné en tête-à-tête avec Molière ; que
Henri IV avait soupé à la table d'un
meûnier, et que Louis XI avait mangé
plus d'une fois avec le bourreau, qu'il
appelait son compère.—Or, Louis XI,
Henri IV et Louis XIV, dit-il, étaient
non seulement des hommes privilé-
giés , mais ils pouvaient encore se
flatter d'être d'assez bons gentilshommes.

— Cela étant , dit l'amphitryon ,
allons nous mettre à table, et corbleu , amusons-nous , puisque cela

est permis aux gens comme il faut.

Le repas fut gai et le dessert bruyant ; car nos artistes, amis de la joie et du champagne, parlaient presque tous à la fois. Jacques, qui était placé vis-à-vis madame Joluron, faisait surtout des phrases à mourir de rire et des contorsions épouvantables pour se donner l'air intéressant ; et tandis que cette sensible dame payait de quelques tendres regards la peine que se donnait Boisjoli pour faire une conquête de cette importance, son mari, entièrement rassuré sur les risques que pouvait courir sa dignité, pressait doucement les genoux de Juliette, qui, malgré son amour pour Jules, ne laissait pas de répondre aux

muettes interrogations de son voisin,
tant est grande chez les femmes la
force de l'habitude !

— Eh bien ! dit Jacques à notre
héros lorsque l'on eut quitté la table, la chose est-elle claire maintenant ?... Crois-tu que je me connaisse
en passions ?..... La belle dame en
tient, et j'espère que cela se voit.....

— Tais-toi, fat.

— Ah ! par exemple, Jules, voilà
de l'entêtement.... Tantôt, je ne dis
pas, un œil novice pouvait bien ne
pas saisir....; mais maintenant c'est
de la mauvaise foi. C'est égal, je suis
discret, et je n'en dis pas davantage.

Nos voyageurs se retirèrent de

bonne heure dans les appartemens qui leur avaient été préparés, afin de réparer les fatigues de la journée; et le lendemain matin chacun se disposa à la répétition qui devait se faire à midi; c'était une affaire d'autant plus importante que l'assemblée devait être, le soir, nombreuse et choisie, et que M. Joluron avait parlé d'escompter le talent de manière à stimuler le zèle de ceux qui croyaient en avoir, et tous avaient cette prétention-là.

Midi sonne; déjà un grand nombre des personnages invités à la fête sont arrivés; on se rend dans le salon où le théâtre a été improvisé; un piano remplace l'orchestre; il est occupé par un amateur, et l'on attend que le rideau se lève.

— Allons, allons, messieurs les artistes, dit M. Joluron, il ne faut pas tant de préparatifs pour une répétition.....

— Il nous manque quelqu'un, dit le directeur ; M. Boisjoli n'a pas encore paru, et sa présence est indispensable.

— Ah ! voilà ! il y a de ces gens-là partout ; ils seraient désespérés si l'on n'attendait après eux.... C'est comme madame Joluron qui, ce matin, est d'une lenteur insupportable....Il faut absolument que je mette ordre à cela.....

A ces mots, il court à l'appartement

de sa femme, il frappe, on ne répond point.

— Allons, madame...., un jour de réception, c'est intolérable..... vous me compromettez.... Des gens comme il faut ne font point de ces choses-là.., entendez-vous, madame?..... je dis que des gens.... Ah! corbleu! cela est trop fort!....

Et notre homme comme il faut, devenu furieux, lance contre la porte un coup de pied si terrible, que la serrure cède et qu'il pénètre sans obstacle dans la chambre où sa sensible moitié et le discret Jacques continuaient ou plutôt achevaient leur entretien de la veille.

— Qu'est-ce que cela signifie, madame?... Et vous, monsieur l'artiste, que faites-vous ici , s'il vous plaît ?

Madame Joluron est trop troublée pour répondre, Jacques ne l'est pas moins; mais il se remet prompte-ment.

— Heureux mari! s'écrie-t-il, quel trésor vous possédez !

— Que diable nous chante-t-il , celui-là ?...

— Je dis , monsieur, que vous pos-sédez un trésor, sans vous en douter... Une femme qui déclame !.... Dieu comme elle déclame !... Nous en étions à la grande scène quand vous êtes entré ; mais nous allons recom-mencer, si vous voulez bien le per-mettre....

— Eh ! que signifie cet indécent désordre? me ferez-vous accroire?...

—Précisément, monsieur. Un grand auteur...., je ne sais plus lequel, a dit quelque part :

Souvent un beau désordre est un effet de l'art.

— Eh bien , madame , parlerez-vous enfin!... De l'art.... de l'art.... il est bon là , l'histrion , avec son art.... Sachez , misérable , qu'un homme comme moi , qu'un homme privilé-gié n'est pas fait pour.... Je donnerais dix louis pour que le baron fût là , afin qu'il me dise ce qu'il ferait à ma place , et si mes gens doivent jouer du bâton sur les épaules de l'insolent, ou seulement le faire sauter par la fenêtre.

Et le pauvre mari, courant aussitôt sur le pallier, se mit à crier de toutes ses forces : — Eh ! baron !... baron !... montez donc !.... Il paraît que nous jouons la comédie en partie double....

— Qu'avez-vous donc pour crier si fort ? dit le baron en montant rapidement.

— Ce n'est rien , monsieur, répondit Jacques, qui riait de tout son cœur, ce n'est rien ; seulement nous faisons une répétition de *Georges Dandin*, et monsieur n'est pas content de son rôle.

A ces mots , l'ex-ébéniste s'élance dans l'escalier, pénètre dans le salon,

et s'éloigne rapidement du château ,
après avoir dit un mot de ce qui venait de se passer à ses camarades ,
qui ne tardèrent pas à le suivre ; car
le dénoûment de la pièce qui s'était
jouée dans la chambre de madame
Joluron n'était pas de nature à les
rassurer. Les cris du pauvre mari
avaient mis tout le château en ru-
meur ; le baron avait été promptement suivi d'une foule de curieux
auxquels M. Joluron avait naïvement
conté sa mésaventure. Aux éclats de
rire universels qui accueillirent son
récit, l'infortuné mari entra en fu-
reur.

— Qu'en dites-vous , baron ?.....
qu'en pensez-vous , marquis ? disait-

il en grinçant les dents. Et à chaque
question, il faisait voler en éclats les
meubles de l'appartement. Ce ne fut
pas sans peine que l'on parvint à le
calmer ; et il fallut que son cher baron lui répétât cent fois qu'un homme
privilégié ne devait pas prendre garde
à cela. Enfin le calme revint ; mais il
fallut que les invités se contentassent
d'un concert d'amateurs, car les artistes étaient déjà bien loin.

CHAPITRE II.

Reviendra-t-il ?—Lettre de Jacques.

Tandis que Jules cherchait de la gloire sur les tréteaux, sa famille était au désespoir. Dès le lendemain de sa disparition une lettre du supérieur avait annoncé cet événement au père Bertrand. « Déjà depuis plusieurs mois, disait le vénérable ecclésiastique, nous « avions remarqué un grand change- « ment dans la conduite de ce jeune « homme qui d'abord nous avait donné « de si belles espérances ; il était de- « venu sombre, rêveur ; il négligeait

« de remplir ses devoirs , et paraissait
« sans cesse préoccupé ; c'est en vain
« que nous avons employé pour le ra-
« mener tous les moyens que nous
« suscitèrent l'intérêt qu'il nous avait
« inspiré : le souffle impur des pas-
« sions paraissait avoir atteint cette
« jeune plante ; il la desséchait. C'est
« un grand malheur pour la religion
« que cette belle âme lui soit enlevée ;
« nous en sommes profondément af-
« fligés ; et cependant nous n'hési-
« tons pas à vous conseiller de laisser
« votre fils se choisir une autre carrière,
« car nous pensons qu'il y va de son
« salut , etc. »

Le bon homme Bertrand ne pouvait en croire ses yeux ; il relut dix

fois cette fatale épître, et ne se sentant pas le courage de prononcer un mot, il la remit à sa femme en poussant un profond soupir. La douleur de madame Bertrand fut plus bruyante.

— Grand Dieu ! s'écria-t-elle, qui l'aurait cru ?.... Un jeune homme si bien élevé !... sage comme une *Vestale*.... et des sentimens jusqu'au bout des ongles !..... Faites donc des sacrifices pour les enfans ! Saignez-vous des quatre membres pour leur donner de la science !... Et quand ils seront pétris de grec et de latin....... Et vous, M. Bertrand, qui êtes là en figure de cire, tandis que l'évêché de votre progéniture tombe dans l'eau !....

— Hélas !....

— Ah! voilà !... Vous avez tout dit
avec vos *hélas*.

— Eh, ma chère femme, que voulez-vous que je fasse?

— Ce que je veux !.... Parbleu,
c'est tout simple.... Allez..., voyez....,
cherchez.... Quel diable, M. Bertrand,
un abbé est plus gros qu'une mouche:
cherchez-le partout, et il est certain
que vous le trouverez quelque part....
Est-il possible que le père d'un homme
d'esprit ne sente pas cela tout de
suite !... Merci de ma vie! si je portais
des culottes !...

Le pauvre Bertrand, étourdi par ce
déluge de paroles, et jugeant prudent
de laisser seule sa douce moitié, jusqu'à ce que l'agitation qu'elle éprou-

vait fût calmée, prit sa canne, son chapeau, et partit, non pour aller chercher *partout*, afin de trouver son fils quelque part ; mais pour se rendre chez le père Hubert, et lui demander conseil.

L'oncle de Jules parut peu surpris de la nouvelle : — Je l'avais prévu, frère, dit-il avec beaucoup de sang froid : si la majorité n'avait pas étouffé la discussion lorsque j'ai essayé de combattre la proposition tendante à mettre le gaillard au séminaire, nous n'en serions pas là.... Mais, frère, ne parlons pas de ça... Tu as du chagrin, et c'est bien naturel ; cependant il faut prendre ton parti, parce que, vois-tu, un tailleur, de même qu'un orateur,

voire même le citoyen Mirabeau , ne
sont pas capables d'empêcher la rivière de couler.

— Mais , mon cher Hubert , il ne
s'agit pas de *Marabout* ni de rivière ;
je te parle de mon fils qui.....

—J'entends bien , frère ; de ton fils,
qui, à ce qu'il paraît, a pris la clef des
champs sans la permission du révérend ; et moi je te réponds que c'est
là un malheur que tous les révérends
du monde n'auraient pu empêcher ,
attendu qu'un jeune homme amoureux est une rivière qui déborde.

—Amoureux !... Jules !... Mon fils
l'abbé , amoureux !...

— Dis-moi , frère, crois-tu que ton
fils soit plus qu'un homme ?

— Je ne dis pas; mais il y a des hommes qui....

— Oui, sans doute , il y en a ; il y a des hommes , ou plutôt des anges , qui se dévouent, et qui ont le courage de consommer le sacrifice : ceux-là , on ne saurait trop les vénérer. Quant aux autres, il faut les plaindre, et peut-être encore les admirer ; car ils ont au moins essayé d'atteindre au plus haut degré de vertu.

Peut-être ce langage paraîtra-t-il déplacé dans la bouche du père Hubert; mais n'oublions pas que ce brave homme lisait tous les discours de nos grands orateurs , et convenons que, à la rigueur, il n'est pas impossible de trouver quelque chose de bon dans ces

discours-là. Ce n'était pourtant pas ce
qu'en pensait M. Bertrand, et la raison, c'est qu'il ne comprenait rien
aux phrases de son beau-frère.

— Ecoute, Hubert, reprit-il, ce que
tu dis me paraît gentil; et quoique
tu sois sujet à caution, je ne crois pas
que ça soit séditieux. Mais tu me par-
les d'ange à propos de Jules, qui, à ce
qu'il paraît, a le diable au corps....

— Je suis dans la question, frère.

— A la bonne heure; je ne dis pas
non. Cependant ma question, à moi,
vaut bien la peine qu'on s'en occupe,
car il s'agit de mettre la main sur le
fugitif.

— Ouais!... Penses-tu que depuis
vingt-quatre heures il n'a pas eu le

temps de mettre une distance respectueuse entre le séminaire et lui?...
C'est un jeune cheval qui jette sa
gourme. Crois-moi, Bertrand, reste
tranquille : quand la santé lui revien-
dra, nous lui mettrons mors et bride;
jusque là, laissons-le au vert.

— J'entends bien, Hubert; ce que
tu dis là est vrai, et il est certain que
lorsque ce cheval aura mangé de la
vache enragée, il n'aura pas besoin
de coups d'éperon pour revenir au râtelier paternel. Mais madame Bertrand
n'est pas de cet avis : à l'entendre, il
faudrait partir à l'instant, et courir
par terre et par mer après l'abbé,
comme si l'on avait des bottes de sept
lieues !

— Tâche de lui faire entendre raison.

— Crois-tu donc que cela soit plus
facile que de parcourir les quatre par-
ties du monde ?... Ce que c'est que de
ne pas connaître les douceurs du lien
conjugal!.... Je les connais, moi, Hubert ; et voilà pourquoi je n'oserai pas
retourner à mon établi sans avoir au
moins quelques nouvelles du jeune
homme.

— Des nouvelles!... Où veux-tu les
prendre ?... J'irai avec toi, frère.; et
à moins que ta femme n'ait le diable
au corps, il faudra bien qu'elle con-
vienne que j'ai raison.

Bertrand accepta la proposition ;
mais, malgré le renfort qu'il amenait,

ce ne fut pas sans trembler qu'il reprit le chemin de la rue Saint-Louis.

— Eh bien! s'écria madame Bertrand, l'avez-vous trouvé?

— Où, trouvé, sœur? répondit le père Hubert : on dirait, à t'entendre, que le monde n'est pas plus grand que la place de la Bastille.

— Tais-toi, prophète de malheur!

— Tout beau, sœur! Je sais bien qu'avec toi il est difficile de régler la discussion. Mais, corbleu! tu ne parleras pas seule ; car j'ai résolu de ne point remporter les bonnes raisons que je te destine.

— Des raisons!... Toi!... des raisons!... Vieux fou!

— Madame Bertrand, point de per-

sonnalités, je vous prie, et tâchez de
de ne pas manquer de respect à votre
chef de file........ Ayez du chagrin,
je le veux bien ; mais respectez la liberté des opinions, comme doit le
faire tout bon citoyen.

—Ah! si tu avais les entrailles d'une
mère !...

—Pour cela, je ne dis pas ; j'avoue
même que je n'ai jamais eu cet avan-
tage ; mais je soutiens que ce n'est
pas indispensable pour bien raison-
ner.... Et, sans aller si loin, crois-tu
que Barnave et Mirabeau avaient de
ces entrailles-là ?... Pour en revenir
à la question, le gaillard a décampé
sans tambour ni trompette, et Dieu
sait de quel côté il est allé! Voilà pour

la désolation. Mais, quoi qu'il puisse arriver, je réponds que Jules ne cessera jamais d'être honnête homme ; or, comme un honnête homme ne peut pas aller loin sans argent, et que celui-ci n'en a guère, j'en conclus qu'il ne fera pas une longue absence. Cependant, sœur, il y a un moyen pour te satisfaire plus promptement : tu n'as qu'à dire un mot ; je vais de ce pas donner à la police le signalement du jeune homme, et je réponds qu'avant huit jours il sera ramassé par quelque honnête brigade, qui le fera traîner de prison en prison jusqu'au grand hôtel du quai des Orfévres.

— Jules !... mon fils l'abbé ramené par des gendarmes !...

—Vraiment! il n'y a que ces gens-là qui soient capables de te le rendre tout de suite; et cependant, pour ce qui est des entrailles...., eh bien! sœur, tu me croiras si tu veux, mais ça n'est pas leur fort.

Madame Bertrand ne répliqua pas; elle pleurait, et les sanglots la suffoquaient.

— Tant mieux, dit le vieux républicain: c'est une crise salutaire...... Sois tranquille, frère, les femmes n'en meurent pas.

Et cela dit, le père Hubert prit son chapeau, et disparut, enchanté du talent dont il avait fait preuve en cette occasion.

Les jours se succédaient, et Jules ne

pâraissait point. Le chagrin de ses parens, loin de diminuer, allait toujours croissant ; et les choses en étaient à ce point que l'éloquence du père Hubert ne produisait plus le moindre effet. Un mois s'écoula ; la désolation était au comble ; l'ex-fripier alarmé lui-même , et ayant épuisé son arsenal oratoire, était venu proposer les grands moyens, c'est-à-dire le signalement et les gendarmes. Déjà il avait entamé l'exposé des motifs, lorsqu'il fut interrompu par l'arrivée d'un personnage qui entra en s'écriant : — Voilà des nouvelles , en voilà !... et de dures, que je dis!... Tenez, lisez!

C'était la mère de Jacques, qui venait de recevoir une lettre de son fils, et qui venait en toute hâte la communiquer à la famille Bertrand. Le père Hubert ajusta promptement ses besicles, et il lut à haute voix :

« Ma respectable mère,

« Celle-ci est pour vous donner la « satisfaction de savoir que vous ayez « un fils qui fait du bruit dans le « monde.....

LA MÈRE BENOÎT.

Mauvais sujet!... Je l'ai toujours dit qu'il ne serait qu'un tapageur!...

LE PÈRE HUBERT, *lisant.*

« Il est vrai que je me suis donné « du mal pour réussir ; mais je puis « me flatter maintenant qu'il n'y a pas « dans Paris un artiste capable de me « dégoter dans l'emploi des valets....

LA MÈRE BENOÎT.

Valet!... se faire valet quand on a un bon état dans les mains!... Ah! jour de Dieu! si je te tenais!...

LE PÈRE HUBERT, *lisant.*

« Aussi, lorsque mon nom est sur
« l'affiche, il faut voir comme tous les
« paroissiens du département se révo-
« lutionnent pour trouver de la place!
« Décidément, ma chère mère, votre fils
« est un grand homme; et si vous ne
« vous en rapportez pas à moi, je vous
« engage à lire les petites affiches d'É-
« vreux, qui vous le prouveront posi-
« tivement, l'opinion du rédacteur
« étant que je suis un sujet d'un si grand
« mérite, qu'on n'en trouverait pas un
« pareil dans tout l'arrondissement

« théâtral. Enfin, pour vous convain-
«-cre, il me suffira de vous dire que
« le directeur a jugé convenable de
« doubler mes appointemens. Malgré
« cela, ma chère et honorée mère,
« j'espère que vous voudrez bien pren-
« dre en considération la figure que
« doit faire un homme célèbre, et que
« vous n'hésiterez pas à me faire pas-
« ser les fonds nécessaires pour sou-
« tenir mon rang.....

LA MÈRE BENOÎT.

Son rang !... un valet !... son rang !...
Dirait-on pas qu'il est devenu le mou-
tardier du pape !....

LE PÈRE HUBERT, *lisant.*

« Je n'ai plus qu'un mot à vous
« dire : nous avons fait une acquisi-

« tion superbe ; c'est Jules, autrement
« dit l'abbé Bertrand, qui, par mes
« conseils, est devenu un père noble
« de la première qualité....

MADAME BERTRAND.

Grand Dieu !... mon fils !... mon
fils l'abbé !...

LE PÈRE HUBERT.

Je savais bien qu'on le retrouverait !...
Continuons : « Vous sentez, ma chère
« mère, que votre amour-propre est
« intéressé à ce que le fils des Bertrand,
« qui ne fait que commencer, n'écorne
« pas indirectement les Benoît, en dé-
« ployant un luxe plus conséquent
« que votre fils unique. C'est dans ces
« sentimens, ma chère mère, et en
« attendant quelques échantillons de

« vos respectables espèces, que j'ose
« me dire votre fils soumis.

« BOISJOLI. »

— Eh bien ! Hubert, qu'en dis-tu ?
demanda madame Bertrand.

— Je dis, sœur, que j'avais raison
de vouloir attendre.

— Et pendant ce temps le malheureux se perd !

— Il se retrouvera.

— Il joue la comédie!...

— Cela vaut mieux que de mendier.

— Et vous, M. Bertrand, hésiterez-
vous encore à courir sur les traces de
ce fils égaré, qui, malgré vos mesures,
taille en plein drap sur l'établi du diable, et mange le pain des réprouvés?..

II.   4

—Oh! oh! dit le père Hubert, ne faisons pas le mal plus grand qu'il n'est, et n'oublions pas que tous les citoyens sont égaux devant la loi.

— Ah! le voilà avec ses chiennes de lois !... Ça nous fait une belle jambe!... Tenez, mère Benoît, n'écoutons pas ce faiseur de *patacoles,* et partons *immédiatement* chercher ces deux vauriens.

— Calme-toi, sœur. La partie des voyages ne regarde pas le sexe; c'est pourquoi je t'engage à retirer ta proposition, me réservant de prendre l'initiative.

—Et moi, je te dis que je vais prendre l'Hirondelle pour......

— Eh! corbleu! laisse-moi donc

développer ma pensée !... Quand je
dis que je prendrai l'initiative , cela
signifie que je retiendrai ma place ce
soir à la diligence , et que , après-de-
main , je ramènerai le jeune homme.

— A la bonne heure, Hubert ! voilà
du français que j'entends.

— Pour ce qui est de Jacques, dit
la mère Benoît , je l'aime autant là
bas qu'ici; qu'il se damne en province
ou à Paris , le diable n'en brûlera pas
un fagot de plus ; et s'il revenait, je
pourrais bien avoir quelques écus de
moins. Faites-lui mes complimens ,
M. Hubert ; et dites-lui que , s'il ne
change pas de vie , il deviendra aveu-
gle avant que de voir la couleur de
mon argent.

A ces mots l'assemblée se sépara ,
et le père Hubert, plus content qu'un
avocat qui vient de gagner sa cause ,
courut faire ses préparatifs de départ;
après quoi il se mit à composer la ha-
rangue dont il voulait régaler son cher
neveu, lequel, pendant ce temps, dé-
bitait devant une centaine de bons
Normands des sentences de mélo-
drame à peu près de la même force
que les discours de son oncle.

CHAPITRE III.

M. de Marinac.—La circulaire.

Ce n'était pas seulement dans sa
famille que l'amoureux Jules avait jeté
le trouble par suite de sa désertion,
les habitans du château de Bisecourt
n'étaient guère plus tranquilles que
madame Bertrand. Le marquis, crai-
gnant pour sa fille une rechute d'autant plus dangereuse qu'il n'était pas
disposé à faire usage du spécifique qui
lui avait une première fois rendu la
santé, ne lui fit point de reproches,

et parut bientôt avoir oublié ce qui s'était passé.

La tendre Eugénie avait repris un peu d'espoir, et elle tâchait de paraître gaie, afin d'avancer autant que possible son retour à Paris, où elle comptait bien recevoir quelque nouvelle du bien aimé. De son côté M. de Rinanval songeait aux moyens qu'il pourrait employer pour n'être plus exposé aux visites importunes de l'impétueux jeune homme, et aux scènes désagréables qui s'en suivaient.

—Point d'effet sans cause, se dit le marquis : Eugénie meurt d'envie de se marier, voilà l'effet; elle a dix-sept ans, et elle est fille, voilà la cause. Donnons-lui un mari, et tout sera fini.

Il y a des gens qui prétendent qu'un marquis n'est pas dispensé d'avoir le sens commun, et ceux-là ne manqueront pas de trouver ce raisonnement pitoyable; mais que fait à M. de Rinanval l'opinion de ces gens-là? Et d'ailleurs, soit dit sans effaroucher la pudeur de tant de beautés sensibles réduites à la virginité par le malheur des temps, combien, parmi elles, se contenteraient d'un mari qu'aurait choisi leur père?...

Voilà donc le châtelain de Bisecourt passant en revue toutes les familles de sa connaissance, afin de trouver un remède au mal de sa fille unique.

Ce n'était pas chose aisée : à l'un il trouvait trop peu de noblesse, à l'autre trop peu d'argent; celui-ci était mal en cour; on ne voyait jamais celui-là chez les ministres, etc., etc. Enfin, après de longues et pénibles recherches, M. de Rinanval avisa certain vicomte, assez bien fait de sa personne, ayant large ventre et dos flexible, fortune médiocre, conscience aisée, et qui à tous ces avantages joignait celui d'être éligible ; ce qui ne promettait pas à Eugénie un mari dans la fleur de l'âge ; mais ce qui faisait penser au marquis qu'il ne faudrait à M. de Marinac que deux ou trois bonnes sessions pour mettre sa fortune au niveau de sa noblesse, laquelle était de la plus vieille et par conséquent de la meilleure espèce.

Ce personnage avait près de Bise-court une petite terre où il passait la belle saison. Le marquis commença par le visiter.—Quel diable, vicomte, lui dit-il, il n'y a pas trois lieues d'ici chez moi, et l'on dirait que l'Océan nous sépare...... J'espère au moins que nous vous verrons, cette année, à Bisecourt?... A moins pourtant qu'en votre qualité de célibataire la vue d'une jolie fille ne vous épouvante.

—Eh! M. le marquis, ne plaisan-tons pas sur ce point : je ne suis pas invulnérable, et je sais que mademoi-selle de Rinanval est charmante.

— Il est vrai que c'est un morceau friand : dix-sept ans, joli visage, et cent mille écus de dot.... Aussi vous

pensez bien que les prétendans ne
manquent pas ; mais je cherche un
homme qui ait de la naissance, de
l'esprit ; qui sache se produire, faire
valoir ses avantages.... Quant à la
fortune, j'y tiens peu, parce que, avec
les qualités dont je parle, on se pousse,
on arrive..... à une préfecture, une
direction générale, et.... Vous sentez
bien, vicomte, que j'appuierais mon
gendre de tout mon crédit....

— Vous cherchez, dites-vous ?

— Oui vraiment je cherche....
Croyez-vous, mon cher, qu'il soit si
facile de trouver cela ?.... Mais parlons
de choses plus positives : ne nous ferez-vous pas la grâce de passer, cette
année, une huitaine à Bisecourt ?...

J'ai en tête certaine partie de chasse....

— Vraiment, M. le marquis, j'use-
rai bien volontiers de la permission.

Cet entretien dura encore quelque
temps : le marquis était enchanté des
excellentes dispositions du vicomte ;
et celui-ci se promettait bien de ne
pas perdre de vue l'aimable enfant,
les cent mille écus de dot , et le crédit du beau père.

— Parbleu ! se disait M. de Rinanval en retournant chez lui , il y a
bien long-temps que j'aurais dû prendre ce parti. De Marinac est absolument le mari qui convient à ma fille....
Et justement la députation du département n'est pas complète !... Nous
ferons nommer le vicomte; et comme

il a trop d'esprit pour faire de l'opposi-
tion, il y aura bien du malheur si
avant six mois il n'est pas préfet.

Eugénie était à son balcon lorsque
son père arriva. Cette pelouse formait
pour elle une vue délicieuse depuis le
jour où Jules y avait fait son apparition : il lui semblait impossible que le
tendre ami ne revînt pas sur cette col-
line, et à chaque instant elle s'attendait à le voir paraître. Le jour s'écou-
lait, Jules ne venait point; et cela
n'empêchait pas la belle Eugénie de
venir le lendemain se repaître de dou-
ces illusions.

— Pourquoi cette mélancolie, mon
enfant? dit M. de Rinanval en l'em-
brassant.

— Mon papa.....

— Allons, ma bonne amie, que l'on soit raisonnable,... oublions cet enfantillage. A ton âge, on doit penser plus sagement.... Pourquoi ne pas te reposer sur moi du soin d'assurer ton bonheur?... Crois-tu que cette grande affaire puisse intéresser quelque autre personne plus que moi?.... Il n'est pas défendu à une jeune personne bien née d'avoir le cœur tendre; aussi n'est-ce pas de cela que je me plains; je serai, au contraire, enchanté que tu chérisses ton mari; et voilà pourquoi je songe à t'en donner un.

— Un mari?....

— Oui, mon enfant : est-ce que cela ne te fait pas plaisir?

—Ah ! mon papa, si vous m'aimez, si vous ne voulez pas faire le malheur de votre fille....

— Comment ton malheur?... Mais tu ne sais pas encore de qui il s'agit.... C'est un joli garçon , bien fait, spirituel, que tu as vu quelquefois, et qui t'aime beaucoup....

—C'est donc Jules... O mon papa!...

— Ah ! voici les extravagances qui recommencent !... Mademoiselle , je vous déclare que cette conduite est intolérable, et je suis décidé à y mettre un terme.

— Ce n'est pas Jules!...

— Ecoutez-moi , morbleu ! J'ai de l'expérience ; je sais mieux que vous le mari qui vous convient ; et ces sentimens du nouveau régime ne me plaisent point.... De mon temps, corbleu ! une fille de votre naissance était enchantée quand on parlait de la marier; elle ne faisait pas une amourette de cette grande affaire ; et il arrivait souvent qu'elle voyait son mari pour la première fois le jour de ses noces.... Depuis la révolution, les enfans ne sont plus reconnaissables......... Allons, mon Eugénie, ne pleure pas...... Je me suis emporté, c'est vrai.... Mais aussi pourquoi?... Voudrais-tu affliger ton père, qui t'aime tant ?.... empoisonner ses vieux jours?....le faire mourir de chagrin , pour le punir d'avoir voulu te rendre heureuse ?...

— Oh! non , non , mon père !...

Eugénie sera toujours votre fille sou-
mise !

—J'étais bien sûr que tu serais raisonnable.... Ecoute, mon enfant, je
n'ai plus qu'un mot à te dire : le vicomte de Marinac doit venir passer
quelques jours au château ; tu me fe-
ras plaisir si, pendant ce temps, tu
t'efforces d'être aimable, si tu fais
briller tous tes avantages.... Le vicomte
aime la musique.... Je ferai prendre
chez Pleyel ce qu'il y a de plus nouveau ; et je veux que dès demain on
accorde ton piano.

Le marquis, très-content du talent
de persuasion qu'il croyait avoir dé-
ployé, sortit pour faire préparer l'appartement qu'il destinait à son gen-

dre futur ; et à peine la pauvre Eugénie fut-elle seule que , cessant de se
contraindre, elle donna un libre cours
aux larmes qui la suffoquaient. Puis,
après avoir long-temps pleuré, elle se
consola un peu ; car c'est toujours par
là que finissent les belles éplorées. —
Il est certain , se dit-elle , que M. de
Marinac est l'époux que mon père me
destine ; mais que de mariages proje-
tés ont été rompus par le plus mince
incident!.... Espérons !

Le vicomte aussi espérait. Ce personnage n'avait pas, il est vrai, autant
d'esprit que M. de Rinanval avait cherché à se le persuader ; mais il n'avait
pas laissé de deviner le but de la visite que lui avait faite le marquis. Or,

une jolie fille de dix-sept ans , cent mille écus de dot , et le crédit d'un homme comme M. de Rinanval ne lui paraissant pas choses à dédaigner , il avait résolu de mener rapidement cette affaire. Deux jours après , il arriva au château de Bisecourt. Il ne manqua pas de faire l'empressé, le galant auprès d'Eugénie : la froideur de celle-ci fut prise pour de la modestie. M. de Marinac avait d'ailleurs une trop haute opinion de son mérite pour ne pas être persuadé qu'il avait fait impression sur la jeune personne ; aussi n'hésitat-il pas à demander sa main.

— Oh ! oh ! vicomte, dit M. de Rinanval, il me paraît que vous êtes connaisseur !...... Vraiment je suis un habile homme d'avoir ainsi introduit l'ennemi dans la place !... Je sais bien que la capitulation ne peut être qu'honorable; mais....

— Parlons sans métaphore, M. le marquis : votre fille est adorable, et la rendre heureuse serait ma plus douce étude; ma fortune, il est vrai, n'est pas proportionnée à ma naissance; cependant......

—Voilà un point essentiel, vicomte; ne glissons point là-dessus, s'il vous plaît : vous n'êtes pas riche, et c'est un vice radical.....

— Il me semble, monsieur le marquis, vous avoir entendu dire.....

—Permettez : je disais que le défaut de fortune est un vice, et cela est vrai ; mais je ne suis pas de ces gens qui veulent la mort du pécheur,... surtout quand il est disposés à se corriger.... Il s'agit donc de savoir si vous vous corrigeriez volontiers de ce vilain défaut ?

— Parbleu ! monsieur le marquis, c'est demander à un malade s'il veut guérir.

— Cela étant, j'imagine que nous pourrons nous entendre. Il s'agirait d'abord de vous faire député. Ensuite, et attendu qu'un homme de votre mérite ne peut manquer d'être un excellent administrateur....

— Franchement, monsieur le marquis, je vous avouerai que je n'entends absolument rien en administration.

— Eh! mon cher, est-ce que des gens comme nous ne savent pas tout ce qu'ils veulent savoir ?... Et puis, vous aimez la paix ?

— Beaucoup.

— Par conséquent, lorsque vous serez député, vous ne ferez pas la guerre aux ministres. Or, je vous demande si, pour les ministres, les meilleurs administrateurs ne sont pas ceux qui sont toujours de leur avis?

— Quelle sagacité!...

— Il est donc certain que vous serez un habile administrateur, et que vous obtiendrez facilement quelque bonne recette générale,.... quelque préfecture. Il ne faut pas six mois pour arriver là ; et après la session rien

n'empêchera que vous deveniez mon
gendre. Maintenant, nous n'avons pas
de temps à perdre, car le collége élec-
toral est convoqué pour la fin de ce
mois. Je vous dirai, entre nous, que
la Quotidienne m'a choisi pour candidat; mais, outre que le repos m'est
cher, le département est aujourd'hui
tellement infesté de libéraux que j'aurais peu d'espoir de succès. Ces pauvres niais s'imaginent qu'un homme
à qui ils ont donné leur voix doit en
conscience négliger ses affaires pour
s'occuper des leurs !... Cela fait pitié!
Mais comme on ne va pas à la Chambre
sans la permission de ces gens-là, je
vous conseille de ne pas les négliger :
n'épargnez pas les circulaires; promet-

tez! promettez!... Je ne dis pas qu'il
en restera quelque chose ; j'espère, au
contraire, qu'il n'en restera rien du
tout ; mais l'important est que l'on
vous en croie, et l'on vous en croira,
parce que vous êtes un homme neuf.
De mon côté je vous donnerai tous
les suffrages dont je pourrai disposer....
Comment trouvez-vous ce petit projet?

—Ah ! monsieur le marquis, qu'on
est heureux d'avoir pour voisin un
homme de votre mérite !

— Voilà comme je suis, moi. Il me
suffit d'un coup d'œil pour saisir l'en-
semble et les détails du plus vaste
plan..... Ainsi, c'est une chose arrê-
tée : dans six mois préfet et mari.

Là-dessus nos gentilshommes se

séparèrent enchantés l'un de l'autre.
M. de Marinac se retira pour enfanter
les circulaires que lui avait recomman-
dées son futur beau-père ; et tandis
qu'à la suite d'une profession de foi
comme on en a tant vu, il entassait
les promesses et les grandes phrases
auxquelles cette bonne pâte de peuple
a depuis si long-temps l'habitude de
se laisser prendre , le marquis se rendit chez sa fille pour la préparer au
grand événement qu'il regardait
comme certain. — Mon enfant, lui
dit-il, c'est une affaire arrangée; le vicomte est fou de toi : le pauvre garçon
n'a pu te voir sans qu'aussitôt la tête
lui ait tourné, et, ma foi, je n'ai pas
eu la force de résister..... N'avais-je

pas raison de te dire que je te desti-
nais un mari spirituel, aimable?...
Mais tu ne réponds pas?...

— Mon papa, c'est que.... c'est
que....

Et les sanglots qu'elle s'efforçait de
retenir venant à se faire jour, la pauvre enfant n'en put dire davantage.

— Allons, reprit M. de Rinanval,
encore de l'enfantillage..... Mais tu ne
sais donc pas que ton mari sera préfet?

— Eh !... que... que... m'im....
m'importe !...

— Hein !... Qu'est-ce que c'est que
ce langage-là?... Sachez, mademoiselle, qu'il importe à une fille de votre rang d'avoir un mari qui soit quelque chose !...

— Pardon! je ne voulais pas vous offenser.

— Ah! voilà que tu redeviens raisonnable! Dieu merci, tu n'es pas de ces incurables dont il faut désespérer, et je suis sûr qu'avant l'expiration des six mois.... Car il doit s'écouler six mois d'ici au grand jour.

— Six mois, mon papa?

— Sans doute; crois-tu qu'il soit possible de faire un préfet en moins de temps?... Tu me diras qu'on en improvise quelquefois; cela est vrai: mais il est plus sûr d'arriver pas à pas.... Eh bien, à la bonne heure!... Voilà comme j'aime à te voir: ton visage a repris toute sa sérénité.... Je

disais donc que dès que le vicomte
aura sa préfecture....

— Mais , mon papa , s'il ne l'obte-
nait pas?

— Alors, mon enfant , il serait possible que cet accident apportât quelque modification.... Mais quelle diable
de crainte as-tu là?...

— Oh! mon papa, ce n'est pas la
crainte, c'est..... Il me semble que
j'entends M. le vicomte.

Effectivement, c'était M. de Marinac qui, impatient de faire admirer
son style au futur beau-père, venait
lui lire sa première circulaire.

— Ah! ah! déjà, vicomte?... Tudieu quelle activité!... Cela promet.

Voyons cette pièce ; je la tiens d'a-
vance pour admirable. Lisons :

« Monsieur ,

« Malgré que.... » *Malgré que* , vicomte, je crois que ça n'est pas français.... *Malgré que*.... Qu'en penses-
tu , Eugénie?

— Cela n'est pas français , mon
papa.

— Je m'en doutais... Vous me di-
rez qu'il n'est pas nécessaire qu'un
gentilhomme..... Sans doute ; mais
ces imbéciles d'électeurs à cent écus
tiennent à cela ; c'est une manie : ils
prétendent que les représentans de la
France doivent savoir le français !...
Ainsi , il faudrait mettre.... Comment
mettrais-tu , Eugénie?

— *Bien que*, mon papa.

— C'est vrai; j'y pensais... Continuons: « Bien que jusqu'ici j'aie vécu
« loin des affaires, je n'ai cependant
« jamais négligé l'occasion de mani-
« fester mes sentimens, qui sont et
« seront toujours en harmonie avec le
« système constitutionnel...... » Des
sentimens qui *sont en harmonie avec*
un système, ça n'est pas très-clair....
Mais, en définitive, qu'est-ce que nous
voulons faire ? De la pâture à libéraux;
ainsi passons. « Observateur attentif,
« je connais les besoins et les vœux du
« département ; et si je suis assez heu-
« reux pour obtenir votre suffrage dans
« l'élection qui se prépare, j'ose me
« flatter que, mandataire fidèle, je

« me montrerai digne du choix de
« mes commettans.... » Diable, vicomte, voilà qui est très-bien!... Des
termes généraux, rien de positif....
Poursuivons : « En m'attachant sur-
« tout à faire respecter les droits des
« citoyens... » Aye! aye!.... Voilà qui
est trop cru; c'est une phrase qui a
été tirée à cinq cent mille exemplaires
dans *le Constitutionnel*.... Croyez-
moi, vicomte, retravaillez cela; faites-
nous un petit chef-d'œuvre bien ron-
flant; envoyez franc de port, et surtout n'épargnez pas plus les visites
que les dîners; car, en fait d'élection,
les plus belles paroles ne valent pas
un bon plat.

— Cela étant, monsieur le marquis,

permettez-moi de prendre congé, et je vous promets qu'avant huit jours vous entendrez parler de votre candidat : la récompense est trop belle pour que mon succès ne soit pas certain.

Et cela dit, M. de Marinac reprit le chemin de son castel, où, s'étant procuré toutes les circulaires de l'élection précédente,

Il compila ! compila ! compila !...

CHAPITRE IV.

Les qui-proquos.—Retour de Jules à Paris.

Le soleil ne faisait que commencer à paraître, et déjà le père Hubert, encaissé dans une diligence, roulait vers l'antique Neustrie. Il faisait nuit lorsqu'il arriva à Louviers ; aussi son premier soin en mettant pied à terre fut-il de s'informer où était située la salle de spectacle ; mais ayant appris que la troupe dans laquelle son neveu était engagé faisait relâche ce jour-là, il se fit conduire chez le directeur, où se trouvait en ce moment Juliette.

— C'est à monsieur le directeur que j'ai l'honneur de parler?

— Oui, monsieur.

— Parbleu! citoyen, je vous fais mon compliment : vous avez un talent particulier pour recruter de jolis sujets, des sujets qui promettent, et...

Oui dà! se dit à part le directeur, je parie que c'est un confrère qui voudrait jeter le grapin sur le soigné de ma troupe..... Je te devine, beau masque. Puis, prenant la parole : — Il est vrai, monsieur, que je n'ai pas la main malheureuse; mais puis-je savoir.....?

— La main malheureuse! vraiment non; mais je ne l'ai pas plus que vous,

et voilà pourquoi vous trouverez bon
que votre père noble.....

— C'est à lui que vous en voulez ?

— Moi ! le diable m'emporte si j'en
veux à quelqu'un : je sais bien que
c'est un garçon qui vaut son prix,.....
un gaillard qui manie joliment la
parole.....

— Mon père noble ?..... Laissez
donc !

— Un sujet de la bonne école.

— Ah bah !..... Une croûte.....

— Hein ?..... Vous dites ?.....

— Véritable galette.

— Ah çà ! citoyen, qu'est-ce que
vous me chantez donc là ?

— Entre nous, sans moi, ça ne
ferait que des brioches.....

— Il paraît, citoyen, que vous êtes ferré sur la pâtisserie ; mais je ne comprends pas quel rapport il y a entre la pâte ferme et le jeune homme qui peut se vanter.....

— Oh ! pour se vanter, cela ne manque pas.

— Mais enfin Jules.....

— Ganache, vous dis-je.

— Ganache vous-même, corbleu ! foi de patriote ; je ne sais à quoi il tient..... Ganache !..... Jules une ganache !..... Il a fait des sottises, c'est vrai..... Il n'y a que les bêtes qui n'en font pas..... Mais je suis bien bon d'écouter ces platitudes..... Je suis venu pour emmener Jules ; je vais l'emmener, et tout sera dit.

A ces mots le père Hubert, enfonçant son chapeau sur son front, tourna le dos à son interlocuteur et sortit.

J'avais bien deviné, se dit le directeur, c'est un confrère qui veut m'enlever mon père noble : je vais mettre ordre à cela.

Aussitôt il fit appeler Jules, et lui donna une modeste gratification qu'il accompagna de l'ordre de partir le soir même pour Vernon, ordre qui ne pouvait manquer de plaire beaucoup à notre séminariste, puisqu'en l'exécutant il se rapprochait de sa chère Eugénie ; de sorte que le père Hubert était à peine arrivé que déjà son neveu, qu'il croyait tenir, lui échappait

au grand trot de deux chevaux normands.

On se rappelle que Juliette était
présente à l'entrevue du directeur et
du père Hubert : il n'en fallait pas
tant pour alarmer la tendresse de la
pauvre enfant ; elle se voyait déjà sé-
parée de ce Jules qu'elle aimait tant
depuis qu'elle en était moins aimée.
Sans plus réfléchir , elle sort presque
en même temps que l'oncle de Jules,
le suit , entre avec lui dans l'auberge
que le bon homme avait choisie. Alors
lui adressant la parole :—Monsieur,...
excusez-moi... Si j'étais assez heureuse
pour que mes services vous fussent
agréables.....

Le père Hubert était trop surpris

pour pouvoir répondre sur-le-champ, de sorte qu'il se fit un instant de silence, après lequel Juliette reprit :— Mes prétentions, monsieur, sont très-modérées „ et je tâcherai par mon zèle de donner plus de prix à mes faibles moyens. Enfin, monsieur, si vous trouvez une soubrette de plus de mérite, vous n'en sauriez trouver de plus dévouée.

— Une soubrette !..... Mais je n'ai pas de femme.

— Raison de plus ; engagez-moi, et vous n'aurez qu'à vous louer du marché.

Au fait, se dit le père Hubert, elle a raison cette jeune fille ; une gouvernante, ça m'irait assez..... J'y ai déjà pensé quelquefois, et si je n'avais craint de rencontrer parmi ces citoyennes..... Celle-ci m'a l'air d'une bonne fille....... un peu jeune. ;.... Ça fera jaser... Eh bien, tant mieux ! à mon âge il n'est pas mal d'avoir l'air.....

— Mon enfant, cent écus par an, la table, et presque rien à faire.....

— J'accepte, monsieur.

— Je pars demain matin.

— Avec M. Jules ?

— Hein ?

— Je dis que...... vous paraissiez disposé à faire pour M. Jules.....

— Oh ! pour lui, c'est une autre affaire, il faudra bien, parbleu ! qu'il fasse ce que je veux..... Ainsi, mon enfant, à demain matin ; tenez-vous prête, c'est une affaire réglée.

Juliette se retira très-contente; car elle ne doutait plus que le personnage auquel elle venait de parler ne fût un directeur, et elle se croyait sûre de suivre Jules. De son côté le père Hubert s'informa de l'endroit où logeait son neveu, et il se disposa à l'aller trouver, afin de terminer cette affaire le plus tôt possible. Qu'on juge donc de son désappointement lorsque l'aubergiste du *Soleil d'or* lui dit que le père noble en question était parti le soir même par la patache pour aller donner quelques représentations à Vernon.

— Pour le coup, cela est trop fort! s'écria l'ex-fripier patriote..... Ah!

mon drôle, vous croyez m'échapper!...
Eh bien! vous en aurez menti!

Et là-dessus, le bon homme courut
s'assurer d'une chaise de poste dans
laquelle il partit le lendemain au point
du jour, accompagné de Juliette, qui
ne s'était pas fait attendre.

De Louviers à Vernon le trajet est
court; Jules, qui n'était arrivé que
trois heures avant son oncle, se disposait à entamer la gratification que
lui avait donnée M. de Beauchaume,
lorsque son oncle tomba comme une
bombe dans la salle à manger de l'auberge.

— Mon oncle! s'écrie le séminariste.

— Ah! mon drôle!... je vous trouve

enfin !.... Pardieu ! ce n'est pas sans
peine !...

JULIETTE.

Son oncle !... Qu'est-ce que cela
veut dire ?

JULES.

Vous ici, Juliette ?... avec mon oncle ?... Je n'y conçois plus rien !

LE PÈRE HUBERT.

Ah! ah ! il paraît qu'il y a deux an-
guilles sous roche.... C'est égal, monsieur l'amoureux ; vous allez, s'il
vous plaît, citoyen père noble, me
suivre sur-le-champ.

JULES.

Mais.....

LE PÈRE HUBERT.

Pas d'observations.

JULIETTE.

Monsieur n'est donc pas un directeur ?

LE PÈRE HUBERT.

Voudriez-vous me faire croire que nous jouons la comédie ?

JULIETTE.

N'est-ce pas pour cela que vous m'avez engagée ?

LE PÈRE HUBERT.

Quoi ! vous seriez....

JULES.

La plus gentille soubrette de l'arrondissement théâtral.

LE PÈRE HUBERT.

Nous y voilà ! Eh bien ! mon gaillard, n'en déplaise à la plus gentille soubrette de l'arrondissement, vous allez monter en voiture.

JULES.

Et Juliette ?....

LE PÈRE HUBERT.

Quant à la jeune personne,.... je ne vois pas d'inconvénient à la conduire jusqu'à la barrière Saint-Denis ; mais passé la limite, nous rentrons chacun dans nos droits, c'est-à-dire que la charmante soubrette sera libre d'aller à droite, tandis que nous, mon garçon, nous tournerons à gauche, vers la rue Saint-Louis, tu comprends ?... Je vois ce que c'est ; tu crains la première bordée. Sois tranquille ; je serai là, et j'arrangerai tout pour le mieux.

Jules parut résigné ; quelques larmes s'échappèrent des yeux de Juliette, et le père Hubert, satisfait d'avoir atteint sans plus de difficulté le but qu'il s'était proposé, partagea de grand cœur le déjeûner qu'avait commandé son neveu et auquel Juliette prit part. Malgré cela, le repas fut triste et silencieux, et dès qu'il fut terminé chacun monta en voiture ; mais des trois voyageurs le père Hubert était seul impatient d'arriver : les deux jeunes gens auraient voulu que la voiture roulât éternellement. On arriva pourtant ; Juliette mit pied à terre près de la barrière, et s'éloigna rapidement pour cacher ses larmes. Un quart d'heure après M. et

madame Bertrand embrassaient leur
fils; car, dans l'excès de leur joie, ces
bonnes gens avaient senti les reproches expirer sur leurs lèvres. Ce ne fut
qu'une heure après que madame Bertrand se sentit assez de force pour
débiter une belle et bonne mercuriale
à son fils l'abbé; mais dès les premiers
mots elle fut interrompue par le père
Hubert.

— La paix soit avec nous, sœur ,
s'écria-t-il; qu'il ne soit plus question
du passé, et je me charge d'arranger
tout pour l'avenir. J'irai demain matin trouver le révérend; je lui dirai
franchement de quoi il retourne, et
je réponds d'avance qu'il votera en
faveur de la proposition.

CHAPITRE V.

Reprendra-t-il la soutane.—La rencontre.

Le père Hubert se rendit de bonne heure au séminaire ; il fut introduit sur-le-champ près du supérieur, et il le salua tout d'abord d'un *citoyen* qui fit sourire le bon pasteur. Ce sourire parut d'un heureux augure au bon homme, qui continua ainsi : — J'ai ouï dire qu'il arrivait quelquefois que le diable se faisait ermite ; et cela n'est pas surprenant ; car je connais des ci-devant vigoureux bonnets rouges, et bon nombre d'honorables tricoteuses de la Convention, qui font aujourd'hui des pèlerinages au Calvaire; et vont à confesse tous les huit jours. Or, si, comme l'assure un citoyen philosophe qui sera un grand homme après sa mort, si donc tout ici bas est compensation, il faut bien que cet excès de sagesse soit compensé par un excès de folie ; c'est pourquoi......

— Je présume que vous avez à me parler de votre neveu ? interrompit le saint homme.

— Précisément, mon révérend ; mais permettez....

—Le sujet m'intéresse fort, et vous me ferez plaisir en allant au fait tout de suite.

— Diable d'homme ! murmura le père Hubert ; on se met en quatre pour lui faire un discours un peu propre, et c'est comme si l'on travaillait pour le roi de Prusse.... C'est donc pour vous dire, mon révérend, que le gaillard a mis de l'eau dans son vin, et....

— Il est donc revenu ?

— Il a bien fallu qu'il revienne, corbleu !..... je l'aurais jeté pieds et poings liés sur l'impériale de la voiture, plutôt que de le laisser avec les mauvais garnemens qui l'auraient perdu...... J'avais fait là-dessus une tirade soignée ; mais puisque vous êtes pressé, mon révérend, je prendrai simplement la liberté individuelle de vous dire que, comptant sur votre indulgence, nous vous prions de recevoir de nouveau cette tête folle dans votre district, sauf à lui administrer la punition que de droit.

Le supérieur réfléchit un instant, puis il dit : — Monsieur, j'ai étudié votre jeune parent, et j'ai reconnu que vous avez pris de l'enthousiasme pour une vocation décidée : Jules peut devenir un excellent père de famille; il ne serait jamais un bon prêtre. Ce ne sont pas ses fautes, quelque graves qu'elles soient, qui lui ferment cette maison ; mais je suis convaincu qu'en persistant dans la carrière ecclésiastique il compromettrait son salut, et

cela suffit pour que je ne puisse con-
sentir à le recevoir.

— Eh bien ! mon révérend, ce n'est
pas pour me vanter, mais j'avais vu
ça avant vous ; et, foi d'Hubert, je
ne suis pas fâché que vous pensiez
comme moi.... C'est seulement dom-
mage d'avoir perdu un an à dire des
oremus, quand on n'est pas né pour
en faire son état. Sur ce, mon révé-
vend, j'ai l'honneur d'être, sans ran-
cune, votre serviteur.

Et le bon oncle de Jules, aussi
content que s'il eût obtenu ce qu'il
était venu solliciter, reprit le chemin
du Marais.

— Il paraît, Hubert, dit madame
Bertrand en remarquant l'air satisfait

de son frère, il paraît que l'affaire en *la tige* prend une bonne *forme ?*

— Bonne.... c'est selon.

— Est-ce que tu n'as pas gagné ton procès ? demanda le père de Jules.

— Au contraire, frère ; et la preuve de cela, c'est que tu as perdu le tien.

— En vérité, Hubert, reprit l'éloquente moitié du tailleur, il semble que tu as du plaisir à nous jeter dans l'*ansiquité*....

— Eh ! que diable, sœur, tais-toi donc, si tu veux que je parle...... Et vois un peu ce que tu gagnes à avoir la langue si bien pendue !.... Quand je vous disais, l'année dernière, qu'on ne faisait pas un prêtre comme on ferait un tailleur, vous avez tous parlé comme des pies, et vous avez étouffé la discussion sous une montagne de paroles.... Eh bien, qu'en résulte-t-il ? c'est qu'aujourd'hui on sera forcé de reconnaître que j'avais raison, et que, grâces à une majorité qui n'avait pas le sens commun, Jules a perdu son temps....

— Perdu son temps, grand Dieu ! qu'est-ce que cela signifie ?

— Ça signifie, sœur, que ton fils ne sera pas abbé ; ce qui n'est pas un grand mal, puisque le révérend assure qu'il n'a pas de vocation pour la partie. Mais comme on peut être utile à la république sans porter chape ni camail, et qu'il y a assez d'étoffe chez le gaillard pour en faire un citoyen

distingué, je ne vois pas ce qui s'op-
poserait maintenant à ce qu'il devînt
quelque jour l'honneur du barreau....

—Va au diable ! avec *tes barreaux,*
cria madame Bertrand presque fu-
rieuse.... Un enfant qui pouvait devenir pape !....

—Il faut une terrible vocation pour
arriver là, sœur.

—Voyez donc la belle chose, avec
sa *vocation !....* comme si on n'avait
pas de ça quand on veut.... N'est-ce
pas vrai , Jules?

Jules soupira, et ne répondit point;
car il aurait donné la moitié de sa vie
pour n'être pas cause du chagrin violent de sa mère.

—Merci de ma vie , Hubert ! reprit

celle-ci, est-ce ainsi que vous devez parler?..... Que n'allez - vous plutôt trouver ce marquis de malheur qui a tourné la tête à notre pauvre enfant?... Un marquis, cela a le bras long! si celui-ci voulait, je suis sûre qu'il ne lui faudrait qu'un mot pour faire rentrer Jules au séminaire; c'est bien le moins qu'il doive faire.... N'est-ce pas ton avis, Jules?

Le jeune homme se serait fait trapiste en ce moment si on l'eût voulu; il répondit donc qu'il ne désirait rien plus ardemment que l'accomplissement des désirs de sa mère.

—Voilà une conversion bien rapide, mon garçon, dit le père Hu-

bert en secouant la tête d'un air incrédule.

— Je vous jure, mon oncle, que
je me sens capable de faire tous les
sacrifices imaginables pour pouvoir
reprendre à l'instant même mes études
théologiques.

— Je vois bien, dit le bon homme,
que tu es encore plus fou que je ne
l'avais pensé.... Vraiment, c'est bien
heureux que j'aie à moi seul de la
raison pour toute la famille.

— Voyez-vous, s'écria de nouveau
madame Bertrand, voyez-vous le réprouvé, qui veut empêcher cet enfant de rentrer dans la bonne voie !...

— Eh non ! non, vieille folle, répliqua le père Hubert hors de lui. Ce

que je voudrais, ce serait que le diable
retranchât les deux tiers de ta langue
maudite ; et il en resterait encore
trop.... Au reste, nous ne sommes
pas loin de nous entendre : vous voulez que l'on parle de cette affaire au
marquis ; je m'en charge ; car j'ai une
terrible envie de dire deux mots à cet
aristocrate.... Je le verrai, je vous en
donne ma parole ; dussé-je pour cela
retourner à son château.

A ces mots, le père Hubert sortit.
Jules l'accompagna, car il craignait
par dessus tout les exhortations de
sa mère ; et il savait par expérience
que la bonne dame n'en était pas
avare. Mais, arrivé à la place Royale,
Jules prit congé de son oncle, attendu

que les longs discours de celui-ci n'é-
taient guère plus de son goût que les
mercuriales de madame Bertrand.

Le père Hubert, trop mécontent
pour songer à retenir son neveu, continua son chemin en pestant contre
le marquis, qu'il regardait comme la
cause de toutes les tribulations de la
famille Bertrand.

— Souffrez donc des aristocrates
dans un État, murmurait-il, et voilà
ce qui en arrive!.... Corbleu ! si cela
dépendait de moi, il en serait autrement..... Ça ne serait pas difficile ;
car j'ai vu un temps où personne ne
voulait être noble.... En attendant,
celui-ci aura de mes nouvelles ; et
puisqu'ils veulent que Jules reprenne

la soutane, et que ce fou lui-même
semble croire qu'il n'a rien de mieux
à faire, il faudra bien que le citoyen
nous fasse ouvrir la porte de quelqu'une de ces maisons par où il faut
passer pour arriver à une cure de
campagne.... Et ces pauvres Bertrand
qui voient déjà leur progéniture avec
la mitre en tête et la crosse à la main!...
Après tout, ça n'est peut-être pas un
mal que Jules devienne curé..... J'en
ai vu à l'Assemblée nationale qui.....
Nous verrons, nous verrons comment le citoyen prendra la gamme
que j'ai promis d'aller lui chanter
dans sa gentilhommière.

Tandis que le père Hubert chemi-
nait en marmottant à bâtons rompus

une foule de choses de la même force,
Jules, enseveli dans de tristes et pro-
fondes réflexions, se promenait sur
la place Royale; il en avait déjà fait
plusieurs fois le tour, et bien que
l'heure du dîner approchât, il ne songeait point à retourner chez son père.
Dans la situation d'esprit où il se
trouvait, la solitude avait pour lui
un charme particulier : assis sur l'un
des bancs de pierre dont la munifi-
cence municipale a gratifié la prome-
nade des paisibles habitans du Marais, il continuait à méditer sur les
profondeurs de l'abîme où il se sentait entraîner, lorsque son nom prononcé par une voix douce et bien
connue vint frapper son oreille. Il

lève la tête, regarde à côté de lui.....
C'est Juliette !..... Juliette dont les
beaux yeux mouillés de larmes sont
tournés vers le jeune homme.

— O Jules ! Jules ! dit-elle , au
nom du ciel , pardonne-moi !.... Je
suis bien coupable ; car j'ai confondu
long-temps le plaisir et l'amour......
Je ne t'avais pas compris : ton âme
était trop belle et ton cœur trop pur....
Et pourtant je me sens maintenant
digne de toi ; je suis réhabilitée à mes
propres yeux..... Si je n'ai plus de
droits à ton amour , j'en ai au moins
à ta pitié ; eh bien ! c'est ta pitié que
j'implore !....

Et la jeune fille tomba à genoux

près du séminariste, qui s'empressa
de la relever.

— Juliette, lui dit-il, que pouvez-
vous attendre d'un homme que tant
de maux accablent?... Vous craignez
ma haine!... Et alors que je le voudrais, pourrais-je vous haïr?... Nous
avons cru nous aimer, et nous nous
sommes trompés tous deux.... Ah! si
vous saviez combien l'amour, le véritable amour diffère de ce que nous
ressentions alors!...

— Hélas! je le vois trop, ton cœur,
ô Jules! est à jamais perdu pour
moi!.... Qu'importe que j'aie pris la
résolution d'être à l'avenir sage et
vertueuse!.... Il fut un temps où je
ne l'étais pas : ce fut la faute d'un

jour, et le châtiment doit être éternel !....

La surprise du jeune homme allait
croissant. — Juliette, dit-il, est-ce
bien vous que j'entends ?... êtes-vous
bien cette gentille étourdie qui *n'aimait point les sermons ?*

— O Jules ! Jules, épargne-moi !
N'est-ce pas assez que je doive passer
ma vie sans qu'il me soit permis d'espérer ?... Me faudra-t-il encore souffrir ton mépris ?... O Jules ! cela, je le
sens, serait au-dessus de mes forces....

Et de grosses larmes sillonnant les
joues vermeilles de la belle suppliante,
tombaient comme des perles sur ses
mains jointes. Il se fit un instant de
silence, puis elle reprit ; — Si je ne

suis pas digne de toi; dis-moi ce que
je dois faire pour le devenir : quelque
grande que soit la tâche, je me sens
capable de la remplir; car il n'est rien
au-dessus de mes forces s'il s'agit de
conquérir ton amour !

Jules ne put répondre; la voix suppliante de la jeune fille avait pénétré
jusqu'à son cœur. Il s'approcha d'elle,
essuya les larmes qui mouillaient ses
beaux yeux ; et il parvint à les sécher
par quelques mots qu'elle prit pour
de l'amour, et qui pourtant n'étaient
que l'expression du regret et de la
pitié.

— Adieu, Jules! dit la tendre enfant en présentant au jeune homme
un petit papier. Promets-moi seule-

ment de ne pas m'oublier tout-à-fait.

— Eh ! pensez-vous que cela soit possible, Juliette ? répondit-il.

A ces mots il pressa sur ses lèvres la main de la jeune fille , et ils se séparèrent.

CHAPITRE VI.

Encore un séminaire.—Le sermon.

Le père Hubert se leva de bonne heure, car il était impatient de faire une visite au marquis de Rinanval ; et il craignait fort d'être obligé, pour trouver à qui parler, de faire un voyage à Bisecourt. Huit heures n'avaient pas encore sonné lorsqu'il se présenta à l'hôtel de la rue de Grenelle ; et ce fut avec un grand plaisir qu'il apprit que le marquis était arrivé la veille.

Ce n'était pas tout que d'avoir fait élire député son gendre futur ; M. de

Rinanval, après avoir vaincu, songeait à profiter de la victoire, et il
était venu à Paris avec le vicomte afin
de sonder le terrain, de prendre l'air
du bureau, et de savoir au juste à
quel râtelier son protégé devait manger; car le marquis, par suite de son
séjour à la campagne, était un peu
arriéré sur la politique; il croyait que
l'usage était toujours que les préfets
en expectative se fissent régulière-
ment truffer, de deux jours, l'un rue
Thérèse et à l'hôtel Rivoli, et ce ne
fut pas sans éprouver une grande surprise qu'il apprit en arrivant dans la
capitale que le prix des tubercules mi-
nistériels était considérablement di-
minué depuis les dernières élections :

il ne concevait pas que les nouveaux ministres eussent l'audacieuse prétention de gouverner la France sans le concours des illustres chefs de cuisine dont les hauts faits étaient encore présens à sa mémoire.

— Qu'importe, après tout, dit-il au vicomte, pourvu que nous arrivions!.... Après ce ministère, un autre viendra qui apportera un autre système; car rien n'est moins stable ici-bas que les ministres d'un royaume où il y a des Chartes, des constitutions, et une foule de choses, restes impurs d'une révolution horrible.... Mais il est si facile d'être toujours de l'avis du dernier!... N'oubliez pas, vicomte, que, pour un préfet, le meil-

leur système est celui qui le fait rester en place.

Monsieur de Marinac n'avait garde
de négliger cet avis si sage ; il s'était
trop bien trouvé jusque là des conseils du futur beau-père pour n'être
pas disposé à les suivre toujours.

— Mon ami, dit le père Hubert au
grand laquais qu'il trouva dans l'antichambre, fais savoir au citoyen de
Rinanval qu'il faut que je lui parle à
l'instant.

Au lieu d'obéir, le laquais se mit à
rire au nez du bon homme.

— Mon garçon, reprit celui-ci, je
pense qu'un citoyen en vaut un autre :
j'estime fort un honnête serviteur ;

mais je me sens capable de corriger un valet insolent.

A ces mots, le vieux républicain fit un geste dont le résultat se fût fait vivement sentir sur le visage du domestique, si, pour l'éviter, il ne s'était vivement élancé vers la chambre de son maître ; mais il n'avait encore pu prononcer un mot lorsque le père Hubert entra lui-même sans plus de façons.

M. de Rinanval, enveloppé dans une ample robe de chambre, lisait gravement la *Gazette de France* de la veille, où il était fort surpris de voir de violentes attaques contre les ministres. C'était, à son avis, une chose inouïe, inconcevable ; et pourtant rien n'était plus simple : c'est surtout quand ils ne peuvent mordre que les dogues aboient. Le marquis ne fut pas médiocrement surpris lorsque, levant les yeux de dessus la feuille dont les déclamations furibondes provoquaient ses réflexions, il aperçut le vieux républicain devant lui, droit comme un cierge, le sourcil légèrement froncé, et la bouche ouverte, comme un homme mécontent qui se dispose à prendre la parole pour se plaindre. Mais sans lui donner le temps de parler le marquis s'écria: — Que signifie cette singulière et subite apparition ?

— Ça signifie, citoyen....

— Citoyen !..... Quel est ce langage... Oser, chez moi, m'outrager.....

—Qu'à cela ne tienne ; je vous donnerai du *monsieur* tant que vous voudrez, et même très-volontiers ; car il n'est pas mal que des gens comme vous soient distingués de ceux qui méritent le titre que je viens de vous donner par inadvertance..... Je viens donc pour vous dire, monsieur, que je suis décidé à donner de la publicité à votre conduite envers la famille Bertrand. Vous avez troublé la raison d'un honnête jeune homme, jeté le désespoir dans l'âme des parens ; et, corbleu ! nous verrons en vertu de quelle loi il est permis à un individu qui ne veut pas être citoyen de se comporter ainsi.

M. de Rinanval, qui était tout d'abord devenu rouge de colère, se calma un peu lorsqu'il eut entendu cet exorde. La publicité dont le menaçait le père Hubert ne laissait pas de l'effrayer un peu, car elle pouvait influer sur le succès de ses desseins. — J'aurai beau me défendre, se dit-il, je n'aurai pas raison; ces enragés journalistes ne me feront ni paix ni trève; ils seront trop heureux de pouvoir traîner au tribunal de leurs lecteurs un homme de mon importance et de ma condition.

Après avoir fait cette réflexion, qui fut prompte, le marquis s'efforça de prendre un air riant. —Oh! oh! M. Hubert, dit-il, vous voilà bien fâché,.... Asseyez-vous donc près de moi, et parlons tranquillement.

II.   10

Le vieux républicain fut un peu décontenancé par ces paroles ; il eût pré-
féré peut-être que son interlocuteur
le traitât beaucoup plus mal, afin de
pouvoir lui même donner carrière à
sa mauvaise humeur. Il s'assit donc,
et le marquis reprit : Le mal est fait,
mon cher M. Hubert ; et quoiqu'il
n'y ait pas de ma faute, je ferai volontiers tout ce qui dépendra de moi pour
le réparer. Que puis-je faire pour le
jeune abbé ?

Le père Hubert était au supplice ;
car il se voyait dans l'obligation de
parler selon les vues et les désirs de
madame Bertrand ; il répondit donc
en enrageant:—Il ne faut pas dire abbé,
puisque le jeune homme ne peut l'être:

on a, par suite des escapades que vous avez provoquées, refusé de le recevoir au séminaire, ce qui désole le père et la mère.

— Si c'est là tout le mal, mon cher monsieur, il sera bientôt réparé. Je vais, si vous le voulez, vous faire une lettre pour le supérieur du séminaire de M..., qui est mon ami intime, et je réponds sur ma tête que votre jeune parent sera admis sans difficulté.

Force fut bien au père Hubert d'accepter la proposition, puisque c'était là où tendaient tous les vœux de ses commettans. Il déclara donc qu'il prendrait volontiers cette lettre; et M. de Rinanval écrivit sur-le-champ.

— Parbleu! disait le bon homme

en s'en allant ; c'était bien la peine
que je fisse tant de bruit pour arriver
à un si beau résultat !... Mais, après
tout, c'est leur fils et ce n'est que mon
neveu....... Leur volonté soit faite !...
Il n'y a que dix lieues d'ici à M....
Rien n'empêche que je voie la fin de
cela aujourd'hui même.

Il se dirigea aussitôt vers le bureau
des Messageries générales, prit une
place dans la voiture qui allait partir
pour la ville où il voulait se rendre ;
et quelques heures après il présentait
au supérieur la lettre du marquis. Il
parla peu, cette fois, de peur qu'on
ne lui attribuât le mauvais succès de
cette affaire ; et quoiqu'il se sentît une
terrible envie de river le clou au mys-

tique personnage qui déclamait à tout
propos contre l'impiété des lois , la
perversité des hommes , et la déplo-
rable situation des écoles ecclésiasti-
ques , qui se trouvaient dans la dure
nécessité de recevoir des millions pris
sur le budget ; bien , dis-je , que le
père Hubert eût peine à retenir quelques bonnes grosses raison qui l'étouf-
faient , il ne répondit cependant que
par monosyllabes.

L'affaire fut donc promptement réglée ; on convint que Jules viendrait
à M... à la fin de la semaine; et déjà le
vieux républicain se disposait à sortir
pour donner un libre cours à sa mauvaise humeur , lorsqu'on vint annoncer qu'un révérend père de la sainte

compagnie allait monter en chaire.

— Dieu soit loué ! monsieur, dit le supérieur ; vous ne sortirez pas d'ici sans faire provision de saintes pensées et de pieuses paroles....

Ce n'était pas là le compte du père Hubert ; il allait balbutier une excuse; mais déjà le supérieur avait quitté son siége, et le vieux républicain n'osant rompre en visière à ses hôtes les suivit à la chapelle, où l'orateur parut bientôt et d'une voix nasillarde, après avoir annoncé que la pièce d'éloquence qu'on allait entendre était destinée à combattre les lois impies que le nouveau ministère voulait faire exécuter, il commença ainsi :

« Amendez-vous, mes chers frères;

« faites pénitence et renoncez aux
« biens de ce monde, car le temps
« de la désolation est venu! L'impie
« s'est levé ; et dans son orgueilleuse
« et détestable colère il s'est écrié :
« J'écraserai le juste, le pieux et le
« sage; » ou en d'autres termes : « Je
« forcerai les révérends pères Ch...,
« Lori.... Gri..., et tant d'autres sain-
« tes gens de l'illustre compagnie, à
« manger l'argent que je leur jette à
« pleines mains, sans s'inquiéter des
« affaires du gouvernement, et des
« lois et ordonnances de ce monde.

« Et à ces paroles, une foule de
« réprouvés, avocats du diable, hu-
« guenots, francs-maçons, carbo-
« nari, jacobins, tous gibier du saint

« Office et de l'enfer, répondit par
« d'épouvantables acclamations : Plus
« de congrégations ! plus de petits
« séminaires ! plus de jésuites ! à
« bas Montrouge, Billom, Saint-
« Acheul !....

« Ah ! mes chers frères , que de
« blasphèmes entassés dans ce peu
« de mots ! La France en a frémi ,
« les petits séminaires en ont trem-
« blé, les révérends ont gémi , et les
« ex *trois cents* saisis d'épouvante ont
« dit les *grâces* avant le *benedicite*.
« Hélas ! tant de craintes et de dou-
« leurs ne sont que trop légitimes.
« Vous ne voulez pas de noces, donc
« vous êtes des athées ! Vous voulez
« nous contraindre à vivre en paix ,

« donc vous êtes des révolutionnaires!
« Vous voulez nous forcer à recevoir
« des millions , donc vous êtes des
« persécuteurs!.... Et cela est si vrai
« que , immédiatement après les or-
« donnances rendues contre la sainte
« milice d'Ignace-le-Grand, les rédac-
« teurs de la *Quotidienne* annoncèrent
« que la persécution avait commencé;
« et une foule de martyrs reconnais-
« sans firent pleuvoir les pâtés d'A-
« miens dans les bureaux de la feuille
« dévote.

« Mais si grande fut la douleur des
« révérends, qui pourrait peindre le
« désespoir de nos jeunes élèves, de
« ces tendres agneaux destinés au
« bercail du Seigneur , ou plutôt ,

II.   11

« selon la touchante expression de
« notre honorable provincial, de ce
« délicat gibier, pendu par nous au
« croc de saint Ignace !.... Là ces
« courageux néophytes implorent le
« martyre ; ici ce sont d'anciens
« élèves qui entonnent dans les jour-
« naux les louanges des révérends
« pères ; une autre fois c'est un jeune
« élève que sa mère vient visiter, et
« qui, loin de montrer quelque joie,
« s'écrie en fondant en larmes : *Ma-*
« *man, sais-tu ?*...... Quelle douce et
« naïve éloquence !.... *Maman, sais-*
« *tu ?*.... Ah ! mes chers frères, que
« de choses en ce peu de mots !....
« Quoi de plus tendre ! quelle plainte
« plus touchante !.... Charmant en-

« fant ! digne élève de si dignes maî-
« tres !.... *Maman, sais-tu ?....* quel
« panégyrique brillant pourrait être
« comparé à cela ?.... La pensée se
« perd dans l'immensité des maux
« que fait apercevoir cette naïve in-
« terrogation. *Maman, sais-tu ?* c'est-
« à-dire as-tu appris le malheur, l'af-
« freux malheur arrivé à nos révé-
« rends pères ?.... *Sais-tu* quel coup
« terrible vient de frapper les petits
« séminaires ? Il est vrai qu'on n'a
« pas encore livré au bourreau nos
« saints professeurs ; on ne parle pas
« non plus de les jeter en prison ;
« mais on veut les forcer à jurer
« obéissance aux lois de l'État !.....
« et l'on ose leur offrir un million

« deux cent mille francs, à condition
« qu'ils respecteront le pouvoir qui
« les protége !....

« Eh quoi! tyrans épouvantables!
« vous prêchez la liberté, et vous
« voulez nous enlever celle de mé-
« priser vos lois!... Vous osez parler
« d'économie, et vous nous jetez des
« bâillons d'or !..... Vous tonnez
« contre l'ignorance ; et vous voulez
« nous empêcher de répandre les lu-
« mières de la foi !.... Gardez, gardez
« votre or, fils de Satan !...

Timeo Danaos et dona ferentes !...

« Que le ciel confonde vous et vos
« présens ! nous ne voulons que votre
« haine et la persécution. Frappez

« donc , barbares !..... Qu'attendez-
« vous?.... frappez , et nous sommes
« sauvés !.... Quelques jours de per-
« sécution , et notre triomphe est as-
« suré. Frappez, vous dis-je, et des
« flots d'or prendront le chemin de
« notre caisse, et nos adversaires de-
« viendront nos défenseurs.... Frap-
« pez donc , impies , et la France est
« à nous !....

« Mais hélas ! monstres sans foi ,
« vous n'osez lever la main , et dans
« votre horrible modération , vous
« avez la barbarie de nous refuser
« même quelques simples coups, que
« tant de bonnes âmes escompte-
« raient à beaux deniers comptant !
« Toutefois , mes chers frères, et

« malgré leur modération diabolique,
« les infâmes ne triompheront pas :
« nous ne sommes pas gens que l'on
« décourage aisément. A force de
« nous entendre crier, on finira par
« croire que nous avons raison ; et
« nous avons des amis qui crient si
« bien !..... Nous ordonnerons des
« quarantaines, nous doublerons les
« missions ; et si l'on résiste à tout
« cela nous ferons des miracles.....
« Oui, mes frères, je vous promets
« des miracles. Eh ! pourquoi les en-
« fans de saint Ignace n'en feraient-
« ils pas?

« Des gens de bien , de dignes con-
« grégamistes, des journalistes bien
« pensans, qui font *de l'autel et du*

« *trône* à un écu la colonne, ont,
« fort mal à propos, comparé nos
« ennemis à Dioclétien et à Julien
« l'apostat : ah ! mes chers frères, que
« nous serions moins à plaindre si
« cette comparaison était juste ! avec
« ces persécuteurs-là on savait au
« moins à quoi s'en tenir : ils faisaient
« crucifier, pendre, mutiler les fi-
« dèles ; et plus on en crucifiait,
« pendait ou mutilait, plus le nom-
« bre en augmentait. Dans cet heu-
« reux temps on ne faisait pas de la
« persécution avec des ordonnances ;
« on n'assommait pas les persécutés
« avec des millions, et les martyrs
« ne songeaient pas à envoyer des
« pâtés à leurs partisans. Temps heu-

« reux ! et combien le nôtre est diffé-
« rent, puisque c'est en vain que
« nous sollicitons quelques miséra-
« bles chiquenaudes ! Nous ne de-
« mandons, pour commencer, que
« quelques modestes coups de bâton,
« et les barbares nous jettent de
« l'or !....

« Voilà donc, ô mes frères ! les
« fruits empoisonnés du libéralisme!
« Tant d'horreurs ne montrent-elles
« pas que le temps *de l'abomination*
« *de la désolation* prédit par Jérémie
« est enfin venu, et que la fin du
« monde est proche?... Profitez donc
« du peu de temps qui vous reste, ô
« mes frères ! et n'oubliez pas que
« sans nous il n'est point de salut.

« Nos ennemis, vous le savez, ont,
« avec une hypocrisie détestable,
« entassé les accusations contre nous.
« Ils nous reprochent la mort de
« Henri III, de Henri IV, et d'un
« grand nombre d'autres princes ; et
« ils ne veulent pas entendre que c'é-
« taient des rigueurs salutaires ; c'est-
« à-dire que ces rois ne furent tués
« que pour que leurs successeurs ap-
« prissent à vivre. Et puis, à tout
« prendre, tuer des rois peut être
« mal ; mais persécuter des jésuites!...
« Ils nous accusent de mépriser leurs
« lois, leur Charte.... Eh! que sont
« toutes les chartes du monde com-
« parées aux divins statuts de l'hum-
« ble et éternelle compagnie de Jé-

« sus!.... Nous sommes des ambi-
« tieux, dites-vous, nous nous em-
« parions de tous les emplois.... Vous
« mentez, infâmes! nous les faisions
« donner à nos amis. Vous dites que
« nous ruinons l'État.... Sachez donc,
« au contraire, que c'est l'État qui
« nous ruine! Nous avons prodigué
« l'or pour faire taire vos journaux
« révolutionnaires; nous avons acheté
« des procès; et savez-vous combien
« nous ont coûté certaines conscien-
« ces?.... Pour prix de tant de sacri-
« fices, que vous demandions-nous ?
« la liberté d'ouvrir des écoles, de
« recruter pour l'humble compagnie,
« et d'imposer le sou par semaine à
« nos fidèles sujets....

« Ministres de Satan, qui nous frap-
« pez dans ce que nous avons de plus
« cher, votre triomphe sera comme
« celui d'Aman, il ne durera qu'un
« jour!.... Orgueilleux, qui vous at-
« taquez à nous, sachez que la France
« est une forêt où abonde le bois dont
« on fait les ministres comme vous ;
« mais qu'il n'y a et ne peut y avoir
« qu'un père For.... dans le monde!....

« Ainsi donc, mes très-chers frères,
« ayez confiance, et la barque de
« saint Ignace ne pouvant périr,
« payez généreusement votre pas-
« sage, afin que, lorsque le temps
« sera venu, elle vous porte sans mar-
« chander au royaume éternel..... »

Le père Hubert n'y pouvait tenir,

malgré la résolution qu'il avait prise de trouver tout bien ; et s'agitant sur son siége , il murmurait une foule d'épithètes que nous jugeons convenable de ne pas rapporter , et qui fort heureusement pour le vieux républicain ne furent pas entendues des gens auxquels elles s'appliquaient. Puis , appuyant son visage sur ses mains , comme pour écouter plus attentivement , il se boucha les oreilles , et grâces à cette sage mesure qui lui permit de se contenir , nos lecteurs en seront quittes pour le commencement de cette homélie d'une nouvelle espèce. Mais si le bon homme avait souffert en gardant le silence , il se dédommagea lorsqu'il fut hors de

cette maison, l'une de celles dont les
doctrines avaient attiré l'attention du
gouvernement, et à laquelle il craignait que son neveu ne pût échapper, bien plutôt qu'il ne désirait l'y
voir admis.

— Si je ne puis éviter ce malheur,
pensait-il en remontant en voiture
pour revenir à Paris, au moins je n'y
contribuerai pas davantage.... Puisque
les Bertrand ne veulent rien entendre,
ils feront eux-mêmes les sottises qu'ils
projettent.... Ah! si Jules était destiné
à ressembler au révérend de Saint-
Sulpice, à ce digne citoyen qui l'aimait tant, je ne me plaindrais pas,
et ce ne serait pas moi qui mettrais
le moindre obstacle à cela.... Mais

quelles leçons recevra-t-il dans cette *jésuitière !*.... Jules est un étourdi; mais il a le cœur droit ; et ces enragés gâteront son bon naturel avec leur enthousiasme de commande....

Et sur cela le père Hubert s'endormit pour ne pas trop ressentir le regret qu'il éprouvait d'avoir prêté les mains à ce qui se préparait.

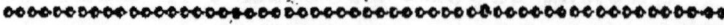

CHAPITRE VII.

Le saint homme.—Lettre anonyme.

— J'étais sûre que tu ne ferais rien de bon , Hubert , s'écria madame Bertrand en apercevant son frère , dont l'air triste et le front soucieux étaient loin d'annoncer le succès. Mais aussi pourquoi vouloir te mêler de choses que tu n'entends pas?...... Je parierais que tu as tout gâté , avec ta manie de parler toujours comme un marchand de vulnéraire suisse qui vante sa drogue et veut qu'elle serve à tout.... Tout le monde n'est pas disposé à trouver superbes tes discours de réprouvé; et les marquis ne sauraient trouver de leur goût tes paroles de jacobin....

— Ma foi, sœur, je commence à croire que j'ai eu tort de me charger de tes affaires ; car si malgré son peu de vocation pour la prêtrise, Jules finit par entrer dans les ordres, j'aurai cela à me reprocher, puisque j'ai fait tout ce qu'il faut pour arriver là.... C'est un grand malheur pour un bon citoyen que d'être en quelque sorte obligé de commettre une mauvaise action.... Oui, sœur, une mauvaise action; et, corbleu! si c'était à recommencer, je ne mettrais pas un pied devant l'autre pour obtenir un résultat qui m'afflige encore plus qu'il ne te réjouit.

— Ah ! jour de Dieu ! Hubert , tu mets ma patience à une terrible épreuve !.... Me diras-tu enfin si le marquis....

— Le marquis est un fin matois , qui est bien heureux que Jules ne soit que mon neveu ; car, foi de patriote, si je m'appelais Bertrand....

— Mais....

— *Mais , mais*...... Que le diable l'emporte ainsi que toi , et il n'aura pas une lourde charge de bonne mar- chandise !.... On serait tenté de croire que vous vous étiez donné le mot : ce que tu voulais lui demander, c'est lui qui l'a offert.... Enfin j'ai été au sémi-

naire de M...., où tu pourras conduire
Jules toi-même. Pour moi, j'aimerais
mieux entendre les discours du club
Saint-Marceau que les homélies de
ces...

Le père Hubert s'échauffait de plus
en plus, et ce ne fut pas sans peine
que madame Bertrand obtint de lui
le détail de ce qui lui était arrivé dans
cette journée.

— Tu n'auras jamais de raison, Hubert, lui dit-elle lorsqu'il partit. Mais,
grâces à Dieu, nous pouvons nous
passer de toi et de tes grandes phrases : j'irai moi-même présenter mon
fils l'abbé à ce saint homme, et je
suis sûre que ma visite lui plaira plus
que la tienne ; car je ne lui parlerai

ni de la Constituante, ni de la Convention, et je lui ferai voir qu'il y a aussi des gens bien pensans dans la famille.

—Décidément, disait le bonhomme en se retirant, le pauvre garçon ne pourra l'éviter... C'est malheureux, car il y a en lui de l'étoffe pour faire un fameux sujet..... Puisqu'il fallait absolument qu'on le fît abbé, il est bien fâcheux qu'il n'ait pu rester où je l'avais en quelque sorte installé d'abord. Là, au moins, il n'aurait probablement jamais entendu débiter les absurdités et les sottises que désormais, bon gré, malgré, il lui faudra écouter...

—Réjouissez-vous, Jules, dit le

soir madame Bertrand à son fils, tout
le mal est réparé : vous allez rentrer
au séminaire.

Mais le jeune homme, sur la phy-
sionomie duquel la tristesse était em-
preinte, baissa les yeux et répondit :
— Que votre volonté soit faite ! Ce
qui ne voulait pas dire qu'il trouvât la
nouvelle bien réjouissante.

— C'est singulier, pensait madame
Bertrand, comme *au jour d'aujour-*
d'hui l'amour vous révolutionne une
jeune tête !.... Autrefois on ne voyait
pas de ces choses-là ; et il est certain
que M. Bertrand, qui m'aimait pourtant véritablement pour le bon motif,
n'aurait pas perdu une once de graisse
si notre mariage avait été victimé par

quelque anicroche...... En vérité, le monde n'est plus reconnaissable!.... Mais c'est égal : un abbé est toujours un abbé, au lieu qu'un mari est souvent..... Ah ! si la jeunesse avait de l'expérience sur le chapitre!...

Et tout en faisant ces réflexions, la sensible moitié du tailleur mettait en ordre le trousseau du jeune homme.

Jules voyait avec une indifférence apparente arriver le jour où il devait rentrer dans la carrière que déjà il avait abandonnée. Il voulait par sa résignation expier les torts dont il s'était rendu coupable envers sa famille, qui avait mis en lui toutes ses espérances ; car les économies de ces bonnes gens étaient bien faibles, et leur vieillesse était proche.

Six jours s'étaient écoulés depuis le retour du père Hubert, lorsque madame Bertrand et son fils prirent le chemin du séminaire où le vieux républicain avait entendu le fragment d'un discours dont il aurait vainement cherché le pendant dans la collection complète qu'il possédait et qui faisait ses délices. Ce jour-là la tristesse du jeune lévite parut plus profonde encore que de coutume, et madame Bertrand qui s'en aperçut lui en fit des reproches.

— Ma mère, ma mère, s'écria-t-il, je vous obéirai ; mais, au nom du ciel, n'exigez pas davantage!

Et des larmes abondantes coulè-
rent de ses yeux.

— Est-ce donc là , mon fils, tout
le zèle qui vous reste ?...... Qu'avez-
vous fait de cette belle *vacation* qui
vous poussait corps et âme dans la
grande route du paradis et de la fortune ?....

Jules soupira et ne répondit point.

— Dieu merci , reprit la bonne
dame, il y a où nous allons de saintes
et dignes gens qui ne manqueront pas
de bonnes raisons pour vous *exculquer*
les bons principes, et vous faire des
moralisations édifiantes qui vous *ra-
sainiront* l'esprit.

Un sourire effleura les lèvres du
séminariste , et il continua à garder

le silence. Cependant la voiture roulait; on arriva bientôt, à M....., et madame Bertrand, après avoir un peu
réparé le désordre de sa toilette, se
rendit au séminaire, accompagnée
de son fils, dont elle avait vainement
tenté de dissiper la tristesse.

Nos voyageurs firent long-temps
antichambre, car le supérieur de cette
maison s'occupait beaucoup des affaires de ce monde, et les solliciteurs
se pressaient autour de lui comme
s'il eût été ministre. Enfin madame
Bertrand et son fils furent annoncés,
et pénétrèrent dans un appartement
somptueux. Le révérend père, assis
sur de moelleux coussins, et la tête
appuyée sur sa main, semblait ense-

veli dans quelque profonde et sainte méditation; aussi ne fit-il aucune attention aux cinq ou six révérences dont le gratifia la mère de Jules; et, sans daigner lever les yeux sur les visiteurs, il dit brusquement : Que me voulez-vous?

— Révérend père, répondit madame Bertrand toute tremblante, excusez de la liberté.... Peut-être que ça vous dérange; mais....

—Je vous demande ce que vous me voulez? interrompit le supérieur d'un ton plus impératif que la première fois.

Au lieu de rassurer madame Bertrand, cette seconde interrogation

II.   13

acheva de la troubler : elle ouvrit la
bouche, et la ferma sans avoir prononcé un seul mot; une pâleur mor-
telle couvrit son visage ; ses genoux
fléchirent : on eût dit une criminelle
qui comparaissait devant son juge.
Jules, s'apercevant de la situation de
sa mère, avança quelques pas, et dit:
— Monsieur, cette dame est ma mère,
et je suis le jeune homme que vous
a recommandé M. de Bisecourt.

A peine notre séminariste eut-il
prononcé ce peu de paroles, que le
révérend père leva brusquement la
tête, et regardant Jules avec des yeux
d'où semblaient sortir des éclairs, il
s'écria : — Osez-vous bien, misérable, souiller de votre présence cette

maison consacrée aux ministres du Seigneur?...

—Il y a sans doute ici quelque malentendu, reprit Jules un peu décontenancé; je ne suis pas.....

—Vous êtes un impie, un réprouvé, reprit le supérieur d'une voix terrible.

Et se levant, il tira de son portefeuille une lettre qu'il parcourut rapidement, puis il s'écria de nouveau: —Chassé de Saint-Sulpice pour votre mauvaise conduite, n'avez-vous pas fait partie d'une bande d'excommuniés?.... N'êtes-vous pas le neveu d'un homme qui a conservé jusqu'à l'affreux langage de ces temps de désolation, qu'il ne regrette que parce que le trône et l'autel lui sont odieux?....

N'êtes-vous pas le séducteur d'une jeune fille dont vous avez failli causer la mort ?... Infâme! vous sacrifiez à Baal, et c'est tout souillé de la poussière de ses autels, que vos pieds sacriléges osent fouler le parvis des saints !....

Jules était anéanti ; ces reproches de sa conduite passée, le ton du supérieur, le langage qu'il employait, étaient si étranges, qu'il ne pouvait trouver de termes pour y répondre. Mais madame Bertrand, sur laquelle cette scène produisit un effet tout différent, ayant recouvré la parole au moment même où son fils la perdait, s'écria : — Révérend père, je vois bien que vous savez de quoi il retourne;

mais il ne faut pas *extravaser* les choses ! Mon frère Hubert aime à parler
république , c'est connu ; mais il ne
faut pas croire pour cela que ce soit
tout-à-fait un hérétique : d'abord, il
va à la messe tous les dimanches, et
fait ses pâques une fois l'an.....

— Eh ! ma chère mère, dit Jules,
à quoi bon tant de phrases? ne voyez-
vous pas que l'on refuse de nous entendre?

En effet, le supérieur, après avoir
du doigt montré la porte aux visiteurs, leur avait tourné le dos.

— Sortons, dit encore le jeune
homme.

Et saisissant le bras de sa mère, il
l'entraîna hors de cette maison : quel-

ques heures après ils étaient à Paris.

Si cet événement n'était pas, comme
on le pense bien, de nature à affliger le
jeune homme, il ne laissait pas d'exer-
cer sa perspicacité. Quel était donc l'of-
ficieux personnage qui avait fourni au
supérieur des renseignemens si exacts?
Telle était la question qu'il se faisait
sans pouvoir la résoudre. Ce ne pouvait être le marquis, qui était plus
que personne intéressé à ce que Jules
fût pour toujours éloigné du monde;
mais si ce n'était lui, qui donc était-
ce? Le jeune lévite ne pouvait le deviner, et comme probablement nos
lecteurs sont dans le même cas, nous
allons les mettre dans la confidence.

En revenant à Paris, M. de Bise-

court avait laissé sa fille au château,
où la pauvre petite, qui s'ennuyait à
mourir, passait le temps à pleurer et
à se faire dire la bonne aventure par
sa femme de chambre, qui, comme
toutes les suivantes passées et futures,
expliquait parfaitement la rencontre
du valet de carreau et de l'as de pi-
que, et lisait à livre ouvert, dans un
jeu de cartes, les aventures des amans
malheureux et persécutés. Or, un
jour que, selon l'usage, elle avait pris
Jules en valet de cœur, elle trouva
que le pauvre jeune homme était bien
triste, et qu'il désirait ardemment re-
voir sa chère Eugénie. Il ne fallait
pas être sorcier pour deviner cela, et
pourtant cette prophétie tourmenta

beaucoup la tendre Eugénie ; elle se
mit en tête que si elle était à Paris les
choses en iraient beaucoup mieux ; et
sur ce, une longue et belle lettre,
bien respectueuse, fut expédiée au
marquis. C'étaient de belles phrases
bien sentimentales, toutes confites
dans la piété filiale : on s'ennuyait
horriblement loin de son bon père ;
cette séparation était un grand supplice, et maintenant que l'on avait
recouvré la santé, on serait si heureuse de procurer à ce bon père ces
tendres soins, ces attentions délica-
tes qu'une fille seule comprend bien!...
M. de Bisecourt, comme on sait, n'é-
tait pas doué d'une forte dose de génie ; il n'avait trouvé ni le mouve-

ment perpétuel, ni la quadrature du
cercle, et il était un peu crédule,
comme le sont tous les pères qui ont
de jolies filles. Il faillit pleurer de
joie en lisant la sentimentale épître.
Comme il croyait n'avoir plus rien à
craindre de Jules, il consentit bien volontiers à ce qu'Eugénie vînt à Paris.;
s'imaginant, en outre, que cela ache-
verait de guérir le cœur de la tendre enfant, il s'empressa de lui ra-
conter comme quoi, grâces à sa pro-
tection, le jeune séminariste devait
maintenant avoir repris ses études
théologiques.

Malheureusement pour M. de Bisecourt, cet expédient produisit un effet tout contraire à celui qu'il en at-

tendait. Peu s'en fallut que la belle
Eugénie ne laissât éclater le violent
désespoir dont cette nouvelle l'accabla;
elle parvint néanmoins à dissimuler la
douleur qu'elle ressentait, et lorsqu'elle
fut assez calme pour songer à parer
le coup qui la menaçait, elle ne
trouva rien de mieux que de faire
écrire par sa femme de chambre une
lettre au supérieur de M..., et c'était
à cette lettre que madame Bertrand
et son fils étaient redevables de la réception qu'on leur avait faite.

CHAPITRE VIII.

Désespoir.—Suicide.

Pendant tout le trajet de M.... à Paris, madame Bertrand s'était contentée de pousser quelques soupirs, assaisonnés d'*hélas ! mon Dieu ! sainte Vierge !* etc. Jules était trop fortement préoccupé pour essayer de consoler sa mère ; mais lorsqu'on fut arrivé au logis , et que la douce moitié de monsieur Bertrand put donner un libre cours à son chagrin , la scène changea.

—Voilà donc ce que l'on gagne à

avoir des entrailles! s'écria-t-elle en
se laissant tomber sur l'antique fau-
teuil placé près de l'établi de l'honnête tailleur.... Eh! qu'on dise à pré-
sent que les enfans du *sièque* ne sont
pas de véritables serpens.... on passe
sa vie à les réchauffer, les éduquer;
on leur fait inculquer du latin gros
comme le bras; et quand on croit tenir un *phynix*, crac! ça vous glisse
dans la main!... Jour de Dieu! Bertrand, vous me regardez là comme
un événement!... Est-ce que vous ne
comprenez pas la finale?... De cure,
d'évêché, de bénéfices, ce chien de
réprouvé n'en aura jamais ce qui tien-
drait dans mon œil!... Nous en sommes pour nos façons d'habit, et voilà

ce que c'est que de mettre tous ses œufs dans le même panier.

— Eh! ma chère amie, répondit le bon mari, que pouvons-nous faire à cela? nous avons semé du bon grain, et nous ne pouvions pas prévoir que cette mauvaise terre ne produirait que des ronces.

— Oui, oui, des ronces, reprit madame Bertrand en sanglotant; des ronces qui me déchirent le cœur!... J'espérais passer mes vieux jours dans quelque bon presbytère, et c'est l'hôpital qui nous attend.

— Fils dénaturé! s'écria le père de Jules, auquel peu à peu se communiquait la colère de sa femme, fils dénaturé, n'espère pas que les maux

que tu nous causes te seront pardon-
nés!... Va, misérable, va mendier ton
pain sur les tréteaux, puisque tu n'as
pas voulu faire ton bonheur et le nôtre!...Sors de cette maison, où tu n'ap-
portes que l'ingratitude et le chagrin!...

Le cœur de Jules était navré ; car
il sentait qu'il avait, en quelque sorte,
mérité ces reproches.

—Et pourtant, pensait-il, je ne suis
pas indigne de pardon, puisque j'é-
tais résigné à souffrir pendant le reste
de ma vie, pour racheter la faute d'un
jour!...

Mais cette réflexion ne pouvait re-
médier au mal ; elle ne pouvait surtout calmer la colère de l'honnête
Bertrand, qui venait de se rappeler

toutes les privations qu'il s'était imposées pour subvenir aux frais de l'éducation de ce fils, qui, naguère encore, donnait de si brillantes espérances; et dans son indignation, il répéta : — Sors de cette maison !.... Qu'attends-tu de nous ?... n'as-tu pas absorbé le fruit de notre travail ?... peux-tu nous laisser moins que la misère ?... sors donc d'ici, misérable !...

—Oh! mon Dieu! s'écria le jeune homme en serrant par un mouvement convulsif ses mains l'une contre l'autre. Puis tout-à-coup son regard devint brillant; un air de désespoir et de fierté se répandit sur son visage; ayant brusquement ouvert la porte, il s'élança dans l'escalier et disparut.

Deux heures après cette scène, Jules était appuyé sur le parapet du pont Notre-Dame ; à la pâle clarté de la lune, il regardait les flots de la Seine, qui, se succédant rapidement, venaient se briser sur les piles du pont : il semblait que ce bruissement l'aidât à supporter le poids terrible qui oppressait son cœur ; on eût dit qu'il goûtait des délices inconnues en mesurant des yeux la courte distance qui le séparait de l'éternité. La pensée que l'enveloppe matérielle de son âme ardente roulerait tout-à-l'heure dans cet abîme, cette pensée amena un sourire sur ses lèvres ; mais ce sourire n'annonçait pas une douce joie ; il avait quelque chose d'amer et de satanique ;

pourtant le jeune homme caressait avec complaisance la pensée qui l'avait produit. Après être resté immobile pendant quelques instans, il monte lentement sur le parapet; sa main s'attache à l'une de ces branches de fer au sommet desquelles se balancent de lugubres lanternes, et il garde cette attitude; car ce n'est pas un désespoir furieux qui le pousse, c'est le dégoût de la vie, de cette vie dans laquelle il est à peine entré, dont il connaît déjà presque toutes les misères. Penché sur le précipice, on dirait qu'avant de s'élancer dans un monde meilleur, il veut boire jusqu'à la dernière goutte le calice d'amertume où il a trempé ses lèvres.....

Déjà la lune cachée sous un nuage épais commence à reparaître, le bruit des pas de quelques passans vient frapper l'oreille du séminariste : sa main se détache du fer, un dernier sourire anime son visage..... les flots s'entr'ouvrent sous le poids de son corps !.....

A peine a-t-il reparu à la surface de l'eau , qu'un bras vigoureux le saisit, et l'entraîne sur un bateau stationné à quelque distance ; là le personnage qui l'avait tiré de l'eau dirige sur le visage de Jules la lumière d'une lanterne sourde qu'il prend dans un coin du bateau , et , après avoir examiné ces traits qui annonçaient la vigueur et la jeunesse , il dit :—Tudieu!

camarade, tu ne fais que de te mettre
en chemin, et la route te semble déjà
trop longue!..... Ma foi, chacun son
goût ; pour moi, j'aime à vivre ; mais
je ne veux imposer ma manière de
voir à personne, et c'est uniquement
par défaut de réflexion que je t'ai em-
pêché d'user de tes droits : je t'en demande pardon, et si tu veux recom-
mencer, je te promets de ne pas
barrer le chemin; seulement, comme
il n'est pas nécessaire d'avoir un brillant costume pour être reçu aux filets
de Saint-Cloud, oblige-moi de me
faire l'héritier de ta défroque.

Jules écoutait avec étonnement ce
singulier langage.

— Quel homme êtes-vous donc ?

s'écria-t-il, et quelle langue parlez-
vous ?.....

— Oh! oh! reprit l'inconnu, voilà
bien de la curiosité pour un homme
qui paraissait tout-à-l'heure si pressé
de mourir!... Il me semble que le bain
vous a terriblement rafraîchi le sang...
Au reste, ça sera comme vous voudrez; quoique j'aie un goût prononcé
pour le bien d'autrui, je ne crois pas
qu'un habillement complet vaille la
peine de tuer un homme.

— Quoi! vous seriez.....

— Précisément. Je suis ce que vous
autres gens d'une certaine espèce ap-
pelez *voleur!* Ce n'est pas ma faute;
j'ai plus d'une fois essayé le métier
d'honnête homme; mais ça ne m'a

pas réussi. Et puis , comme c'est mo-
notone la probité !..... Je suis sûr
que, parmi tous ceux qui en parlent en
si beaux termes , il n'y en a guère qui
la connaissent. J'aurais pu faire comme eux , et ne voler que dans certains
cas et de certaine façon que le Code
n'a pas prévus ; mais je suis rond en
affaire , je n'aime pas les demi-mesu-
res ; voilà pourquoi..... Déjà onze
heures !..... Adieu, camarade ; il y a
assez long-temps que je me repose
ici : il est temps que je commence
ma journée.

Le misérable était bien loin, avant
que Jules eût songé à ce qu'il allait
faire , tant ce qu'il venait d'entendre
lui semblait extraordinaire. Le jeune

homme n'avait point quitté ses habits mouillés, le vent qui soufflait avec force acheva bientôt de glacer ses membres : un tremblement violent s'empara de tout son corps ; et le mal qu'il ressentait, loin d'affermir en lui la résolution de s'affranchir pour toujours de la douleur, lui ôta le courage et même la volonté de recommencer l'exécution de son funeste dessein..... C'est une singulière chose que la machine humaine !.....

Sans savoir ce qu'il va faire, Jules sort du bateau, monte les degrés qui conduisent au quai, et marchant sans but, il arrive sur la place du Châtelet. Quelques cafés étaient encore ouverts. Notre séminariste, dont le mal-

aise augmente, songe à trouver un
gîte. Les maisons garnies ne manquent pas dans le quartier où il est;
Jules s'avance vers l'une d'elles; mais
avant d'entrer il veut consulter sa
bourse.... hélas! il ne l'a plus! Un petit papier qui porte quelques mots,
que l'eau a rendus presque illisibles,
est tout ce qu'il trouve dans sa poche.
S'étant approché de l'un de ces glo-
bes lumineux qui ornent l'extérieur
des cafés, il parvint à déchiffrer cette
indication : *Clottre Sainte - Oppor-
tune......* C'est l'adresse de Juliette!
C'est ce petit papier qu'elle lui remit
à la Place-Royale...

— Cloître Sainte-Opportune, dit-
il, je n'en suis éloigné que de vingt

pas : c'est le ciel qui vient à mon secours. Juliette ne me refusera pas un
asile pour cette nuit; sans doute je
serai mieux demain.... Pourtant j'a-
vais pensé qu'il ne devait plus être de
lendemain pour moi!...

Il arrive à la maison indiquée sur
le précieux petit papier : une étroite
allée conduit à l'escalier; la porte en
est fermée, et tout annonce qu'il n'y a
point de portier; mais cette porte,
comme toutes celles du même genre,
est munie d'un ressort qu'on appelle
secret, bien que ce soit le secret de
tout le monde. Jules le trouve aisément, saisit une corde placée en
guise de rampe, et parvient bientôt au
cinquième étage. Il hésite avant que

de frapper à l'une des portes qui sont
sur le même pallier; mais, dans ce
moment, à travers les planches mal
jointes qui servent de cloison, il aper-
çoit une faible lueur. Curieux par nécessité, il approche l'œil de cette ou-
verture... Tout est d'une propreté
recherchée dans ce petit réduit; quelques chaises, un lit, une table, sont
à peu près tout le mobilier dont il est
garni. L'abat-jour d'une petite lampe
jette toute sa lumière sur deux jolies
mains blanches, dans lesquelles s'a-
gite une aiguille. Jules n'en peut voir
davantage; mais c'en est assez, il a
reconnu Juliette. Il n'hésite plus, et
frappe à la porte ; l'ouvrage échappe
subitement aux mains de la jeune

fille ; la crainte fait battre son cœur.
Qui peut, à cette heure, venir chez
elle ?

— Qui est là ? dit-elle d'une voix
altérée.

— C'est moi, Juliette, ne craignez
rien.

Et aussitôt la gentille travailleuse
s'élance vers la porte, car elle a reconnu la voix chérie du jeune lévite.

— Est-ce bien vous, Jules ?..... à
cette heure... et en quel état, bon
Dieu !.....Que vous est-il donc arrivé?

— Rien... presque rien, bonne Juliette... un accident....

— Mais, voyez donc comme il trem-
ble !... Miséricorde ! vos habits sont
trempés !...

— Oui, cela est vrai, et je vous prie de souffrir que je les quitte un instant.

— Ah Dieu!..... Mais vous avez la fièvre, Jules... Quittez vite tout cela... Tenez, voici une de mes chemises... Mettez-vous ici.... là.... derrière les rideaux, et dépêchez-vous de vous mettre au lit...

— Non, bonne Juliette, je ne veux pas vous priver d'un repos qui doit vous être bien nécessaire, puisque vous travaillez si tard...

— Ne me plaignez pas, Jules, je suis si heureuse depuis que je travaille!... Ah! si je n'avais pas perdu otre cœur, je ne consentirais pas à

v

échanger ma situation contre la plus brillante fortune...

Et une larme se fit jour à travers les longs cils qui ombrageaient ses beaux yeux ; elle l'essuya avec le coin de son tablier de soie, et reprit vivement :

— Ne parlons pas de cela aujourd'hui ; vous êtes malade... Je veillerai près de vous... Oh! quel sommeil pourrait être plus doux que cette veille!...

Il fallut bien que Jules fît ce que la jeune fille voulait ; car il était aisé de voir que rien ne ferait changer sa détermination ; puis Jules souffrait trop pour insister long-temps. Il se coucha donc ; mais le mal qu'il ressentait fit des progrès si rapides qu'il

ne put goûter le moindre repos : une
fièvre brûlante le dévorait. Assise près
du chevet, Juliette présentait de temps
en temps au malade un peu d'eau
sucrée pour étancher la soif ardente
dont il était tourmenté ; lorsqu'il était
plus calme, elle appuyait sa jolie tête
sur le même oreiller, et elle fermait les
yeux pour rêver le bonheur?...

Au point du jour, la situation du
jeune homme, loin de s'améliorer,
devint plus alarmante. Juliette, ef-
frayée, courut chercher un médecin,
et quelques instans après, les ordonnances du docteur vinrent confirmer
les craintes trop fondées de la pauvre
Juliette.

CHAPITRE IX.

Dévouement.—Détresse.

J'entends certains grondeurs, grands critiques à courtes vues, crier contre l'invraisemblance de mes tableaux; ces braves gens sont décidés à ne jamais comprendre comment il peut se faire qu'une jeune fille que j'ai peinte comme étant quelque chose de plus ou quelque chose de moins qu'une grisette, soit tout-à-coup devenue une très-honnête et très-sage petite personne, faisant du travail son unique récréation, étant animée de beaux

sentimens, aimant avec passion, et
d'un amour aussi pur que désinté-
ressé, un beau jeune homme de dix-
neuf ans, dont naguère elle se mo-
quait avec tant d'impudence. Ce qui
surtout fâche tout rouge ces grands
moralistes, c'est que l'amour ait, à
lui seul, tout l'honneur d'une si belle
conversion. Cela n'est-il pas en effet
bien fâcheux? Comment oser avancer
dans un livre, quelque frivole qu'il
soit, qu'une fille légère cesse de l'être
précisément parce qu'elle sent et
comprend le véritable amour? N'est-il
pas prouvé jusqu'à l'évidence qu'une
femme qui a failli ne peut jamais ces-
ser de faillir? et que parce qu'elle a
goûté les plaisirs de l'amour physi-

que, elle est incapable d'en ressentir jamais d'un ordre plus élevé ? Que si l'on me demande par qui et comment cela a été prouvé, je répondrai que je n'en sais rien, et je prierai les questionneurs de s'adresser aux moralistes dont je viens de parler, et qui pullulent dans ce monde. Pour moi, j'avoue avoir rencontré plusieurs femmes qui, après des désordres et des erreurs de jeunesse, sont devenues honnêtes, vertueuses et d'une délicatesse exquise... Eh! comment pouvez-vous espérer de déraciner le vice, si vous affirmez que l'être vicieux ne peut revenir à la vertu ?... Je fais en passant cette petite question aux gens de mauvaise humeur dont j'ai parlé

plus haut, et en attendant qu'il plaise
à quelqu'un d'eux d'y répondre, je
vais reprendre mon récit. Chacun son
métier ; celui de romancier n'est pas
d'argumenter, mais de conter le moins
mal possible.

Il y avait déjà quelque temps que
Jules habitait chez la jeune fille ; malgré les soins de cette dernière et les ordonnances du médecin, la maladie
s'était accrue au point de donner de
sérieuses inquiétudes sur les jours du
malade, et pourtant, quelque alar-
mant que fût l'état de ce dernier, ce
n'était pas ce qui, dans ce moment,
affligeait le plus vivement la sensible
Juliette. La pauvre enfant, accablée de
fatigue, venait de céder au sommeil ; sa

belle tête reposait à côté de celle de Jules; un rêve de bonheur la berçait doucement. Le séminariste souffrait beaucoup; la fièvre qui le dévorait avait dou-
blé de violence, et une soif ardente
brûlait ses entrailles; mais pour rien au
monde il n'aurait voulu interrompre le
repos de sa tendre et charmante hôtesse.
Cependant le sommeil de celle-ci n'é-
tait pas profond; il suffit d'un léger
gémissement que Jules ne put retenir
pour lui faire ouvrir les yeux.

— Souffrez-vous davantage, mon
ami ?

— Ce n'est rien, bonne Juliette;
seulement j'ai bien soif.

Et aussitôt la jeune fille prit dans
le foyer le vase qui contenait la bois-

son prescrite; mais en la présentant au malade, de grosses larmes mouillèrent son visage.

— Qu'avez-vous, tendre amie?

Et les larmes de Juliette devinrent plus abondantes; mais elle continua de garder le silence; car pour rien au monde elle n'aurait avoué que ce verre de tisane était le dernier que contenait le vase, et qu'elle ne possédait plus une obole. Depuis quinze jours les soins qu'elle n'avait cessé de prodiguer au séminariste l'avaient empêchée de travailler; les trois premières ordonnances du médecin avaient suffi pour faire disparaître ses petites économies; elle avait ensuite porté suc-

cessivement au grand bureau des mys-
tifications, c'est-à-dire au *Mont-de-
piété*, toute sa garde-robe; enfin,
depuis deux jours, les rideaux même
du lit qu'occupait le malade avaient
été enlevés sous le prétexte de les donner à blanchir.

Jules ne put donc savoir sur-le-
champ ce qui causait les larmes de
sa jolie garde; mais un quart-d'heure
après il demanda de nouveau à boire,
et comme, au lieu de lui en donner
promptement, selon son usage, Juliette passa de la douleur au désespoir, Jules commença à soupçonner
la vérité; il s'aperçut alors que quelques petits meubles de parade avaient

disparu; il regarda les mains de la jeune fille, et vit que ses jolis doigts étaient veufs des bijoux qui les or- naient ordinairement.

Juliette! Juliette! s'écria-t-il en fai- sant un effort pour se lever, qu'avez- vous fait?...A quel état vous a réduite votre pitié pour moi!... O mon Dieu! mon Dieu! que ne m'avez-vous laissé mourir!...

Et en prononçant ces paroles, sa tête retomba sur l'oreiller, car sa fai- blesse était si grande qu'il n'avait pu, malgré tous ses efforts, se tenir assis Juliette, à genoux près du lit, conti- nuait de pleurer, et se tordait les mains. Dans ce moment, l'excès de son désespoir, joint à la faim qui la

tourmentait, lui fit perdre connaissance. Cette scène terrible se prolon-
gea. Jules, dans l'impossibilité de
faire un mouvement, implorait la
mort, et employait le peu de force
qui lui restait à se déchirer la poi-
trine avec ses ongles. Enfin l'éva-
nouissement de Juliette cessa; mais
la pauvre enfant ne rouvrit les yeux
que pour recouvrer le sentiment de la
douleur qui l'accablait.

—Juliette, ma chère Juliette, au
nom du ciel, remettez-vous, calmez-
vous!..... Il me vient une idée : allez
trouver mon oncle; dites-lui sans dé-
tour toute la vérité, et je suis certain
qu'il viendra à notre aide... Oui, oui,
il y viendra..... il ne m'a pas maudit,

lui.... il ne m'a pas chassé ; et si l'on avait suivi ses conseils, je ne serais pas aujourd'hui si malheureux et si coupable..... Allez le trouver, Juliette ; allez-y, je vous en conjure !

Juliette hésita ; l'idée d'avouer sa détresse au père Hubert froissait horriblement son amour propre ; mais enfin elle se résigna, car elle sentit que ce moyen était le seul qu'elle pût employer pour soulager le malade qui lui était si cher.

— J'irai, mon ami ; j'irai, puisque vous le voulez.... Mais s'il allait vous enlever d'ici ?.... S'il allait me priver du bonheur de vous voir ?.... O Jules ! si ce malheur m'arrivait, je ne m'en consolerais pas !

— Non , non , bonne Juliette , cela n'arrivera point , mon oncle n'est pas un méchant homme ; il m'aime, et il ne voudra pas vous punir du bien que vous m'avez fait.

Et tandis que le malade parlait, Juliette essuyait ses yeux ; puis elle répara un peu le désordre de sa toilette, et après avoir donné un baiser à son protégé, elle sortit en soupirant, et se dirigea vers le domicile du père Hubert, où elle arriva bientôt.

— Eh! c'est vous, ma belle ! s'écria le vieux républicain ; est-ce que vous me prendriez encore pour un directeur de comédie?.... Ce n'est pas que cela me fâche : la profession ne fait pas plus le citoyen que l'habit ne fait le moine ; mais.....

— Monsieur, c'est M. Jules....... votre neveu, qui.....

— Jules! Jules!.... vous savez où il est ?.... vous avez vu Jules ?.... Dieu soit loué! ce gaillard-là peut se flatter de m'avoir fait passer plus d'une mauvaise nuit!.... Il est vrai que ce n'est pas tout-à-fait sa faute ; et si les Bertrand n'avaient pas étouffé la discussion...... Eh bien! qu'avez-vous donc, mon enfant ?.... Est-ce que je vous fais peur?.... Je crois, le diable m'emporte, qu'elle se trouve mal !.... Pardieu! me voilà dans de beaux draps! Ce que c'est que d'avoir de l'énergie dans la parole !....

Juliette venait en effet de s'évanouir. Très-faible déjà, le trajet de chez elle au domicile du père Hubert, puis l'émotion, la timidité, avaient achevé d'anéantir ses forces ; elle s'était laissé tomber sur une chaise et avait perdu connaissance. Le père Hubert était d'autant moins habitué à ces sortes d'accidens, que le pauvre homme n'avait eu qu'une passion dans sa vie, celle de politiquer et de faire de longs discours sur de petits sujets ; de migraines, spasmes, évanouissemens, il ne savait pas un mot, et était, en cela, encore plus novice que son neveu lui-même. Aussi Dieu sait combien furent grands son embarras, son trouble, sa frayeur : il

fit deux ou trois fois le tour de sa
chambre avant de trouver le pot à eau
qu'il avait sous les yeux ; puis il revint près de la jeune fille, lui frappa
doucement dans les mains, et lui
jeta quelques gouttes d'eau au visage,
le tout sans la moindre apparence de
succès. Enfin il s'avisa de penser que
le vinaigre lui réussirait mieux : aussitôt il court au buffet, et le voilà,
une burette d'une main et sa serviette
à barbe de l'autre, administrant de
son mieux le spécifique dont il espérait merveille ; mais, comme par malheur, il s'est trompé de côté, c'est
avec de l'huile d'olive qu'il inonde le
gentil minois de Juliette, qu'après
chaque libation il essuie doucement ;

de sorte que le savon étendu et séché sur la serviette se mêlant à l'onctueux liquide, il en résult e une espèce de pommade capable de rendre laid à faire peur le plus joli visage du monde : la beauté de la jeune fille n'est pas ce qui occupe le père Hubert, beaucoup plus épris de phrases ronflantes et énergiques que de blonds cheveux et de lèvres de roses.

— Eh bien ! ma belle enfant, disait-il de temps en temps, ne vous sentez-vous pas mieux ? ne voulez-vous pas me parler de Jules?.... C'est un gaillard qui nous donne bien du fil à retordre.... Et voilà ce que l'on gagne à faire de l'absolutisme, et à violer la liberté individuelle ; si le

Bertrand entendaient quelque chose à la politique.... Diable! ma chère petite, ne trouvez-vous pas que la scène est un peu longue?.... Elle ne revient pas.... J'espère pourtant que nous ne jouons pas la comédie.... Et Jules? mon enfant,.... ne vouliez-vous pas me parler de Jules?... Bon, voilà qu'elle ouvre les yeux; il semblerait alors que j'ai touché la corde sensible.... Il y a plus d'un mois qu'il a disparu et que je le cherche inutilement; sauriez-vous de ses nouvelles?....

— Monsieur,..... où suis-je? Ah! oui.... je me rappelle....

— Dieu soit loué! la langue lui revient!.... Femme qui parle n'est

pas morte.... Ma foi, mon enfant,
vous m'avez fait une belle peur....

Pendant qu'il parlait, Juliette ache-
vait de reprendre ses sens : elle regarda autour d'elle ; son premier soin
fut de réparer le désordre de sa toilette, et apercevant une petite glace
que quatre clous à tête dorée fixaient
sur la cheminée, elle s'en approcha.

— Monsieur, excusez-moi ,... c'est
monsieur Jules qui m'envoie près de
vous....

— Eh bien! où est-il? que fait-il?....
pauvre garçon!....

— Il est chez moi depuis un mois,
et....

— Hem?... Jules est...? Pardieu,
voilà un drôle bien à plaindre!...

— Ah! mon Dieu! qu'ai-je donc sur le visage?

— Depuis un mois chez cette petite....

— Mais, c'est une horreur!

— Parbleu! mademoiselle, il vous appartient bien de vous moquer!

— Monsieur, il est affreux d'employer de pareils moyens ;... profiter de ma faiblesse pour me défigurer!

— Mon enfant, je crois que nous ne nous entendons pas....

— Monsieur, je dis qu'il est indigne d'un honnête homme de m'avoir mise en cet état.... Ah! si Jules avait su....

— Bon, bon, le gaillard en sait long; il paraît qu'il en sait très-long, et je

crois même qu'il en sait beaucoup
trop long...

— Ah! monsieur, plaignez-le, et
ne l'accusez pas.... Pauvre jeune homme!.... il souffre tant!... mais je suis
à faire peur!....

— Quoi! Jules?.... il souffre, dites-vous?

— Depuis un mois il n'a pas quitté
le lit; c'est moi qui l'ai soigné; mais...
mes moyens sont épuisés, et...

— Eh! parlez donc, corbleu!....
Pauvre garçon! malade, sans secours,
sans.... Allons, mademoiselle, partons, partons vite...

Et le père Hubert jetant au milieu
de la chambre la serviette et la burette

qu'il tenait encore, courut prendre sa canne et son chapeau.

— Pensez-vous que je puisse sortir en cet état ?

— Belle raison, ma foi!.... Jules malade ; .... nous prendrons une voiture ; .... malade depuis un mois.... Mais venez donc, mademoiselle.... Parbleu ! je l'ai bien dit aux Bertrand, qu'on ne fait point un prêtre comme on fait un tailleur. Ces gens-là ont la tête plus dure que les pierres de la Bastille, et toute l'éloquence de la constituante ne parviendrait pas à leur faire entendre raison.

Tandis qu'il parlait ainsi, Juliette débarrassait tant bien que mal son joli visage de l'épais cosmétique dont l'avait couvert le vieux républicain, qui la presse de nouveau de le conduire chez elle.

Enfin les voilà partis; un fiacre les reçoit : — Cloître Sainte-Opportune, dit Juliette.... Dix minutes après, le père Hubert montait le petit escalier noir qui conduisait à la chambre de la jeune fille.

FIN DU DEUXIÈME VOLUME.

TABLE DES CHAPITRES.

TOME II.